Woman by Viktor & Rolf Woman by Dior Couture John Galliano Woman by Vivienne Westwood Women by Veronique Leroy Woman by Ann Demeulemeester Woman by Bernhard Willhelm Woman by Martin Margiela Woman by Junya Watanabe Woman by Hussein Chalayan Woman by Dior Couture John Galliano Woman by Vivienne Westwood Women by Veronique Leroy Woman by Ann Demeulemeester Woman by Bernhard Willhelm Woman by Martin Margiela Woman by Junya Watanabe Woman by Hussein Chalayan Woman by Viktor & Rolf Woman by Dior Couture John Galliano Woman by Vivienne Westwood Women by Veronique Leroy Woman by Ann Demeulemeester Woman by Bernhard Willhelm Woman by Martin Margiela Woman by Junya Watanabe Woman by Hussein Chalayan Woman by Viktor & Rolf Woman by Dior Couture John Galliano Woman by Vivienne Westwood Women by Veronique Leroy Woman by Ann Demeulemeester Woman by Bernhard Willhelm

c c c
c c c

centraal museum

centraal
museum

WOMAN BY

VIVIENNE WESTWOOD
CHRISTIAN DIOR COUTURE
MAISON MARTIN MARGIELA
JUNYA WATANABE
ANN DEMEULEMEESTER
VERONIQUE LEROY
BERNHARD WILLHELM
VIKTOR & ROLF
HUSSEIN CHALAYAN

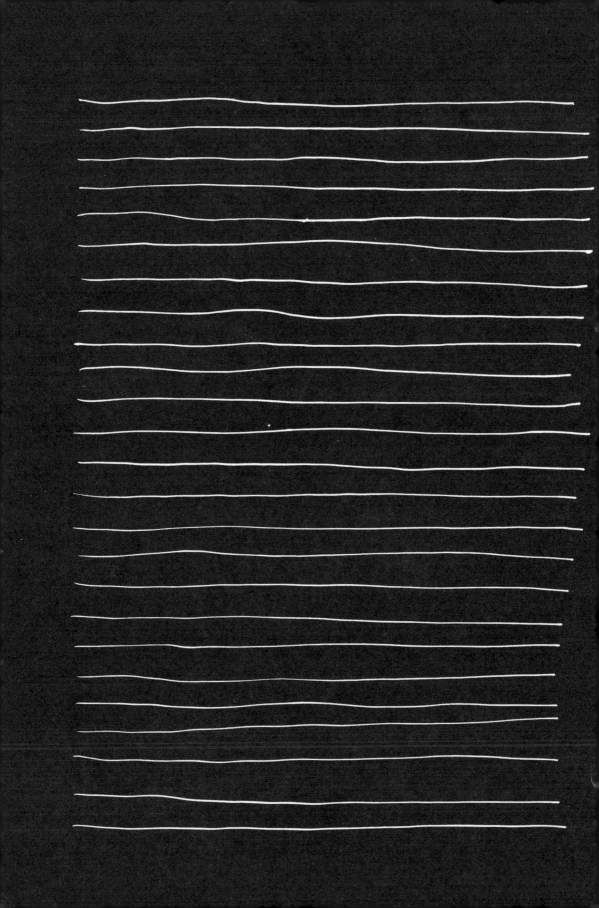

WOMAN

Is het je karakter, je intelligentie, hoe je beweegt, je oogopslag? Als perfecte vrouw sta je zelfbewust in het leven, je bent sensitief en intuïtief, je stem is mooi, je lijf fraai, zo verzorgd. Maar wat maakt je bijzonder? Waarom juist jij en niet een ander? Maak ik zelf uit waarom ik je aantrekkelijk vind, of bedenkt iemand dat voor mij? Stink ik er steeds weer in? Mannelijke mannen, stoer, zijn net als vrouwelijke mannen, van een kilometer afstand te herkennen. Hoeveel mannelijke archetypes zijn er dan nog over? Kijk dan eens naar de vrouw, tussen de mannelijke en vrouwelijke types bestaan tientallen gradaties. Je bent een zonnekind, een engel uit Arcadia, een hoer of soms juist madonna. Je wisselt ze af, soms ben je ze allemaal. Jij maakt ze. En wie maakt jou?

Ziedaar het uitgangspunt voor WOMAN, een tentoonstelling over de vrouw. Negen internationale topontwerpers creëren de perfect verleidelijke vrouw. Gunnen u een blik in de keuken van de smaak van morgen. Let vooral ook ook op de verschillen. Uit de collectie van het Centraal Museum is de mode voor de ideale vrouw van gisteren geselecteerd. In achtentwintig etalages aan de Oudegracht wordt u, door de jonge generatie Nederlandse ontwerpers en stylisten, op straat verleid. In het museum vindt een tentoonstelling plaats over parfum, een expositie over liefdes brieven en huwelijkscontracten, een tentoonstelling over het werk van Marlene Dumas en over de zachte stillevens van Adriaan Coorte. Speciaal voor kinderen maakten we 'Zeven mouwen en een dikke kont'. In een themanummer van de 'Revisor' schreven twintig auteurs over het verleiden in de kunst. Alle daders en alle slachtoffers, veel plezier.

SJAREL EX
directeur Centraal Museum

WOMAN

Is it your personality, your intelligence, your grace, your glance? As a perfect woman you are self-aware, you are sensitief and intuïtive, your voice is melodious, your body beautiful, so well cared for. But what makes you so special? Why does it have to be you and not somebody else? Is it me who finds you attractive or is somebody else making me find you attractive? Am I falling for the same old trick again? Macho men, tough guys, are just like feminine men, you can spot them a mile off. How many manly archetypes are there left? But take a look at woman, between the masculine and the feminine types there are dozens of variations. You are a sun child, an angel from Arcadia, a whore or sometimes a Madonna. You swap roles, sometimes you are all of them. You create yourself. But who creates you?

And there you have the central theme of WOMAN, an exhibition about the woman. Nine top international designers have created their ideal woman, allowing you a glimpse behind the scenes of the tastes of tomorrow. Above all take a look at the differences. The fashion of yesterday's ideal woman has been carefully selected from the Centraal Museum's own collection. In twenty-eight window displays along the city's Oudegracht you will be seduced on the street by the youngest generation of Dutch designers and stylists. In the museum there are exhibitions on perfume, on love letters and marriage contracts, an exhibition of the work of Marlene Dumas and the soft, still-lifes of Adriaan Coorte. Especially for children we have put together 'Zeven mouwen en een dikke kont' / 'Seven sleeves and a fat bottom'. In a special issue of the literary journal the 'Revisor', twenty authors write about the seduction in art. All seducers and their victims, enjoy yourselves.

SJAREL EX
director Centraal Museum

INHOUD /CON-TENT

EEN VROUW IS GEEN BARBIE

Anno 2003 lijkt het alsof ontwerpers elk een persoonlijk modeverhaal vertellen. Er is niet één vrouwbeeld en niet één modestijl, er zijn er vele. Maar wie verder kijkt ziet onder de oppervlakte van de diversiteit logische lijnen die voortvloeien uit een nieuwe sociale, politieke situatie in de eenentwintigste eeuw.

De vrouw is in de jaren zeventig geëmancipeerd en dat heeft invloed gehad op hoe we vrouwelijkheid ervaren. De Japanners hebben in de jaren tachtig voor het eerst met succes een niet-westerse esthetiek in de mode binnengebracht met als gevolg dat Parijs intussen een multicultureel platform is geworden waarop ook moslimontwerpers als Hussein Chalayan hun weg vinden. Een andere verklaring schuilt in de ontwikkeling van het modesysteem zelf. Waarom is dat ene ultieme ideaalbeeld en die ene absolute modestijl niet langer van deze tijd?'

'Ik wil de vrouw in de kleren zien en niet de ontwerper die haar kleedt', zegt Ann Demeulemeester. Hussein Chalayan roept al jaren dat mode te veel op sex-appeal wordt verkocht. Hij probeert andere definities te vinden wat wat sexy is. En Martin Margiela neemt herhaaldelijk radicale maatregelen om de vrouw in zijn kleren van haar identiteit te ontdoen. Hij blinddoekt zijn modellen, trekt ze doeken over het hoofd of geeft ze mega-zonnebrillen op. Dat alles om er verzekerd van te zijn dat de aandacht van het publiek naar de kleren gaat en niet naar wie het model is en of ze haar dag wel heeft.
Maison Margiela blinddoekt zijn modellen al vanaf zijn allereerste show in 1988. Het leek aanvankelijk een prachtig commentaar op het fenomeen topmodel dat in diezelfde jaren opkwam en de media volledig domineerde. Het feit dat Naomi Campbell en Christy Turlington op het plankier verschenen was een tijdlang groter nieuws dan wat ze feitelijk droegen. Maar achteraf gezien is het de vraag of het blinddoeken van Margiela daarnaar verwees. Het topmodellentijdperk ligt inmiddels achter ons, terwijl Maison Margiela geblinddoekte vrouwen is blijven tonen. Ze zijn onderdeel van Margiela's persoonlijke, onveranderlijke modeverhaal. Bij Maison Margiela gaat het steeds opnieuw om de kleren zelf, om de bewerking van een materiaal, om een bijzondere coupe of de emotionele aspecten die aan een gedragen tweedehands kledingstuk kleven. Kleding moet je van dichtbij zien, voelen en ervaren. Daarom zijn veel van zijn presentaties eigenlijk geen shows. Soms worden de ontwerpen op hangers over het plankier gedragen door assistenten in een witte stofjas. Andere keren is er in plaats van een show een instructiefilmpje waarin een model

laat zien hoe het stuk in elkaar zit en waaruit het precies gemaakt is. Regelmatig ook krijgt de pers persoonlijk, in kleine kring in het atelier, de collectie uitgelegd. De ideeën en achtergronden worden dan toegelicht met behulp van één pasmodel dat demonstreert hoe alles aanmoet. Tien jaar modepresentaties van Maison Martin Margiela - te zien op de tentoonstelling WOMAN - maakt duidelijk dat de vrouw bij Margiela niet meer is dan een levende paspop, een functioneel element om kleding te laten zien.

de eerste mannequins

Wie de modegeschiedenis erbij betrekt ziet dat Margiela de mannequin in feite weer eenzelfde rol geeft als ze aan het einde van de negentiende eeuw had. Een cruciaal moment in de mode is de start van het couturehuis Charles Frederique Worth in 1858. Hij is de eerste ontwerper die niet langer nieuwe modestijlen aan het hof oppikt, hij bedenkt zelf nieuwe trends. De transformatie van crinoline naar queue danken we aan hem. Maison Worth wordt een huis met een eigen stijl en een herkenbaar handschrift. Nieuw is ook dat hij niet langer zijn naaisters uit het atelier haalt om voorbeeldjurken te showen. Dames die langskomen in de salon zien de jurken op een speciaal ingehuurde mannequin.**1** Zijn latere vrouw Marie Vernet is zo'n mannequin maar zij combineert het werk al snel met de functie van vendeuse. Zij wordt het aanspreekpunt, het paradepaardje en het gezicht van Maison Worth. Bij het flaneren in het Bois de Boulogne - aan dat type promotie wordt al wel gedaan - bestudeert hij nauwkeurig de beweging en valling van haar rokken. Zo komt hij erop om het volume van de crinoline langzaam naar achter te draperen en zo de queue te laten ontstaan.**2** Marie Vernet, dus ook nog eens de muze van Worth, kennen we niet meer uit de overleveringen. Ondanks haar inspirerende kracht is ze nooit een ster geworden. Haar rol als muze en vrouwelijk ideaal heeft Worth zelf niet gecultiveerd (anders dan Poiret die zijn vrouw in zijn biografie uitgebreid bezong). Los daarvan ontbrak het ook aan media om aan een dergelijk fenomeen reikwijdte te geven. Er werd in deze jaren nog nauwelijks gefotografeerd en film bestond helemaal niet. De nieuwe mode kwam als gravure in een tijdschrift terecht en daar ging het vooral om details. De wereld moest op dit moment, in de woorden van Susan Sontag, nog een tweede ontdekkingstocht ondergaan en door fotografen visueel in kaart te worden gebracht. Pas met documentair en realistisch registrerende media als film en fotografie, die op de huid kunnen gaan zitten, kon het fenomeen model, dat een geraffineerd samenspel tussen kleding en lichaam laat zien, ontstaan.**3**

de moderniteit van Poiret

Het schijnt dat Paul Poiret in zijn auto-
biografieën iets te veel modeveranderingen
aan zichzelf heeft toegedicht, maar feit
is wel dat hij een belangrijke schakel is
geweest in het ontstaan van de moderne mode-
esthetiek en de opkomst van het model. Het
fenomeen modeshow, de fascinatie voor een
ideaaltype, de moderne erotiek en mode-
esthetiek van een lichaam in actie danken
we aan hem.

In 1902 ontmoet de couturier bij een
bevriende familie de zestienjarige Denise.
Hij wordt verliefd maar moet tot 1905 wachten
totdat hij zich met haar mag verloven.**4**
Vanaf dat moment maakt hij al zijn ontwerpen
op en uitsluitend voor haar. 'Denise was
mijn eerste wonder. In twee jaar tijd groeit
ze uit tot een nieuw schoonheidsideaal, een
nieuw type vrouw, het prototye van het vrouwelijke silhouet van de twintigste eeuw,
schrijft Poiret in 1931 in zijn autobiografie
*En Habillant un Epoque.***5** 'Toen ik haar voor
het eerst zag had ze geen enkele allure.
Maar als couturier zag ik met mijn
artiestenoog haar verborgen elegantie. Onder
haar kleren zag ik een rank en slank lichaam
compleet tegengesteld aan de heersende smaak
dat een volslank silhouet voorschreef.

Wat Poiret doet is revolutionair voor die
dagen. Hij plaatst de taille wat hoger, laat
de vele onderrokken en het corset weg en zo
ontstaat een jongensachtige vrouw van wie je
een lichaam kon vermoeden onder de soepele
vallende jurken. Met dat vrouwbeeld verandert
Poiret de modesmaak en het gevoel voor
schoonheid en erotiek drastisch. Tot dan
wordt een jeugdig en jong uiterlijk niet als
verleidelijk gezien. Een rijpe, volle dame
van rond de veertig is op haar mooist en
meest erotisch. Getrouwde vrouwen flirten en
dragen uitdagende kleding, jonge meisjes
past dat niet, zij behoren vooral lieftallig
en onschuldig te zijn, ook in hun kleedstijl.
Jongemannen flirten in deze dagen meestal
met de moeder, wanneer ze een oogje op de
dochter hebben.**6**

Poiret introduceert dus een jongensachtige en beweeglijke vrouw. Het gaat
niet meer om proporties op de juiste plekken,
maar meer om het feit of een lichaam voelbaar
is in de kleren. Benen die tevoorschijn onder een
rok of via een split zichtbaar worden. Om
dat nieuwe gevoel van sensualiteit over te
brengen zijn nieuwe media en andere activiteiten
nodig. In opdracht van Poiret tekenen Paul
Iribe en George Lepape moderne mode-
illustraties die strakke silhouetten in
vloeiende lijnen laten zien en daarmee iets
van die beoogde beweeglijkheid suggereren.
Fotograaf Edward Steichen gaat dicht op de
huid zitten met foto's - veelal met Denise
als model - die de textuur, valling en
transparantie van een kledingstuk benadrukken.
Maar de meest revolutionaire ontwikkeling
is, dat Poiret in 1910 zijn eerste modeshows
voor publiek organiseert. Niet langer is
de mannequin een levende paspop die zich
presenteert aan keurende dames die uitsluitend oog hebben voor de japon. Opeens is er
een publiek van mannen en vrouwen die het
spektakel komen bewonderen, en het samenspel
van kleding, model en beweging willen zien.
Het model wordt iemand die iets bijzonders
met de kleren aangaat, zich als persoonlijkheid
manifesteert en zich weet te presenteren.**7**
De ommekeer is niet van de ene op de andere
dag een feit. De eerste modellen zijn nog
schuw en verlegen, maar rond 1930 hebben ze
zich persoonlijkheid en een energieke beweeglijkheid eigen gemaakt.

Het wordt het basisstramien van de mode-
esthetiek van de twintigste eeuw. De *catwalk*
wordt de plek waarop het ultieme modemoment
plaatsvindt. Door de jaren heen verandert
er wel wat aan de poses, het type bewegingen
en de erogene zones - nu eens is de rug dan
weer is het been de blikvanger - maar de
basisesthetiek blijft ongewijzigd. De mode
wil een lichaam in actie te zien, een
samenspel tussen kleding, valling en een
presentatie. Daarom is in 2003 de *catwalk*
nog altijd hét modemoment.

de invloed van Hollywood

In de jaren tien zien we in de film een
parallelle ontwikkeling op gang komen. Ook
daar - Asta Nielsen is het eerste voorbeeld
- maken de gevierde, plompe actrices uit het
theater plaats voor beweeglijke, jeugdige
ogende verschijningen die op film veel beter
blijken over te komen. Slank wordt een
dwingend schoonheidsideaal, want een foto-
grafisch beeld registreert elk rolletje vet
en nog veel meer oneffenheden. Ook aan
tanden, neuzen, mondvormen en haargroei - het
uitvergrote filmbeeld verraadt elke oneffen-
heid - kan nog het nodige worden geësthetisi-
seerd. De nieuwe cosmetica die Hollywood
ervoor uitvindt, vindt al snel verspreiding
naar de consument. Cosmetica-uitvinders Estée
Lauder en Elizabeth Arden zorgen ervoor dat
'schoonheid' in de jaren veertig en vijftig
binnen ieders handbereik komt.

De megasterren die Hollywood vanaf de
jaren twintig voortbrengt geven vrouwen in
brede lagen van de bevolking plotseling een
modevoorbeeld dat ze tot in de kleinste
details kunnen volgen. Het feit dat Joan
Crawford haar bovenlip met lipstick tot een
strakke lijn doortrok, krijgt onmiddellijk
navolging. Vrouwen kunnen nu zelfs kiezen
uit diverse rolmodellen. Afhankelijk van
welke rol het beste aansluit bij het eigen
fysieke uiterlijk kan de vrouw als *tomboy*,
girl next door of een mysterieuze *glamour-
girl* door het leven. Moest een vrouw in de
negentiende eeuw nog genoegen nemen met een
paar schamele hulpstukken als corset en
crinoline om haar vrouwelijkheid gestalte
te geven, in de jaren dertig is het een
constructie die van teen tot neus is

uitgedacht en waarmee ze naar eigen inzicht kan spelen en zich uitleven.**8**

De mythe van de couturier, zijn inspirerende muze en het ultieme model dat de naadloze, levende invulling is van zijn ontwerp beleeft in de jaren vijftig van de twintigste eeuw zijn hoogtepunt. Hoe toevallig is het dat de Miss World verkiezingen in 1951 van start gaan? In 1952 ontwerpt Hubert de Givenchy een witte blouse met wijde mouwen die onsterfelijk wordt omdat hij het stuk Bettina noemt, naar zijn favoriete model in die jaren. Bettina wordt kort daarop ingelijfd door de op dat moment zeer gevierde Christian Dior en zal jarenlang alleen voor dat huis werken. Ze is zo bepalend als gezicht voor de jaren vijftig dat de firma Mattèl in 1959 besluit om de allereerste Barbiepop naar haar te modelleren.
In diezelfde periode zien we de smaak en beeldtaal van de mode helemaal met Hollywood versmelten en tot een hoogtepunt komen. Audrey Hepburn speelt in 1956 in *Funny Face* het boekenmeisje dat tegen haar zin in topmodel wordt. De kleren die ze draagt in de fotosessies en op het plankier zijn van niemand minder dan de couturier De Givenchy. Ook in het 'echte' modeleven behoort Audrey Hepburn tot een van de favoriete muzes van Givenchy en is ze regelmatig in zijn outfits te zien. Wat later is diezelfde band te zien tussen Yves Saint Laurent die Catherine Deneuve kleedt in de films van Bunuel, maar haar tegelijkertijd ook als zijn favoriete model beschouwt.

Precies op het hoogtepunt gooit een nieuwe tijdgeest roet in het eten. De opkomende jongerencultuur in de jaren zestig distantieert zich van alles wat met autoriteit en gezag te maken heeft en dus ook van de mode. Zij bepalen hun eigen kleedstijl en creëren hun eigen ideaalbeelden. Dat gebeurt met zo'n vitale kracht dat de modewereld vanaf de jaren zeventig meer naar de invloed van de straat kijkt dan naar de Parijse ontwerpers die dan hun gezag verliezen. De nonchalante, casual en onopgesmukte mode die de hippies brengen, maakt de jaren vijftig-mode en het uiterlijk van de Hollywoodster op slag hopeloos ouderwets, ouwelijk, tuttig en stijf.

Misschien wel belangrijker voor de teloorgang van het vrouwelijke ideaalbeeld is de emancipatiegolf die eind jaren zestig opkomt. Feministen constateren dat de vrouw niet alleen een achterstand heeft in maatschappelijk opzicht, ze wordt ook tekortgedaan door mode, film en fotografie. Terwijl de man in de films actief en handelend optreedt en de touwtjes in handen in handen heeft, wordt de vrouw teruggebracht tot een kijkobject; een passief wezen dat er alleen maar mag zijn om mooi gevonden te worden.**9**
Om haar vrouwelijke schoonheid te benadrukken moet ze zich ook nog eens in een

keurslijf persen van martelattributen als korsetten, hoge hakken, jarretels en beha's. Radicale feministes bekeren zich tot de tuinbroek en overalls. Beha's worden ritueel verbrand. Vanaf dat moment weet de mode heel lang niet hoe ze zich tot vrouwelijkheid moet verhouden. Zelfs nu zijn we er nog niet helemaal uit, zo valt duidelijk op te maken uit de negen interviews in dit boek.

<u>het hervinden</u>

Wanneer we met de blik van nu terugkijken op de jaren tachtig en negentig van de twintigste eeuw kunnen we stellen dat een aantal ontwerpers zo belangrijk is geworden omdat ze nieuwe definities van vrouwelijkheid probeerden te vinden. Om te beginnen was er Jean Paul Gaultier die Madonna voorzag van een corset met grote puntborsten waarin ze ging optreden. Was ze zijn muze? Of zag Madonna de kracht van Gaultier's postmoderne mix van historische stijlen en wist ze als geëmancipeerde vrouw dat handig te gebruiken? In feite deed zij hetzelfde als hij; ze speelde met alle vrouwelijke rolmodellen die de film- en modegeschiedenis van die eeuw had laten zien, maar benadrukte daarmee dat in de klassieke vrouwelijkheid en het verleidingsspel ook macht schuilt en een enorm plezier om dat spel te spelen.

In feite is dat ook de filosofie die Vivienne Westwood rond 1990 is gaan verbreiden. Nadat ze, met haar vriend Malcom McLaren aan haar zijde, beroemd geworden was als ontwerpster van de punk, stort ze zich op de kostuumgeschiedenis door in het Victoria & Albert Museum stukken patroontechnisch te gaan bestuderen. Het resulteert in de lancering van moderne mini-crini's, korsetten en rokken met queues. Uiterst gekunsteld, maar aangepast aan de moderne tijd en comfortabel in het dragen. Haar corsetten kun je zelf dichtritsen.

We kunnen er bij Westwood ook een postmodern ecclecticisme in zien, maar anders dan bij Gaultier ontstaat het bij haar vanuit de overtuiging dat een mens altijd het beste van zichzelf moet maken en daarbij geen enkel hulpmiddel moet schuwen. 'Het is jammer dat niemand er meer uitziet als Marlène Dietrich. Niemand neemt de tijd meer om zichzelf zo wondermooi te maken,' verzucht Westwood met heimwee. Ook zij vindt dat de kracht van de klassieke vrouwelijkheid zwaar onderschat is. 'De beste titel die ik ooit aan een collectie meegaf was Vive La Cocotte (1995). Daarmee wilde ik vrouwen uitdagen: zie koketterie als kracht. Ja, wij kunnen mannen manipuleren, nee, we moeten niet op hen willen lijken.'

In hetzelfde rijtje past ook Veronique Leroy die in diezelfde periode met haar eerste collecties start. Zij laat brutale glamourgirls zien in nepbont met strakke lurex-

pakjes op hoge stilettohakken, die ze een demonstratieve glamour geeft. Al snel ontdekken de dan nog onbekende fotografe Inez van Lamsweerde en Veronique Leroy elkaar en dat leidt een aantal jaren tot een bijna twee-eenheid. Leroy levert bijna alle kleren voor de foto's van Inez. Omgekeerd fotografeert Inez haar collecties en haar uitnodigingen. In alles is duidelijk dat ze dezelfde visie op de vrouw delen. In hun gezamelijke werk krijgt dat ook optimaal kracht. Leroy verwoordt het als volgt: 'Sinds het feminisme in de jaren zeventig is de vrouw zogenaamd gelijk geworden aan de man, maar het tonen van vrouwelijke rondingen is sindsdien zo beladen, dat een geëmancipeerde vrouw dat niet meer durft, bang om als lijdzaam seksobject te worden versleten. De mode van de jaren tachtig is - daar hebben ook de Japanse ontwerpers toe bijgedragen - dan ook vooral een ontkenning van het lichaam geweest. Ik wil de vrouw van de jaren negentig opnieuw verleidelijk en sexy laten zijn, maar dan op een zelfverzekerde en vanzelfsprekende manier. De vrouw die ik neerzet moet haar vrouwelijkheid hebben geassembleerd en op een krachtige manier durven tonen.'**11**

Toch blijft de terugkeer naar dat klassieke, verleidelijke vrouwbeeld waarvan nu de kracht wordt benadrukt een beladen onderwerp. Hoe controversieel hun ideeën zijn, merkt Van Lamsweerde nog in 1992, wanneer haar foto onder de Hortusbrug in Amsterdam - een foto van uitdagende dames die we in het kruis kijken als de brug opengaat - nog voor de officiële opening door radicale feministes helemaal vernield wordt.

terug naar het menselijke en het kledingstuk zelf

De herwaardering van de klassieke, verleidelijke vrouw is niet het enige perspectief. Door ontwerpers als Ann Demeulemeester die in 1987 begint, wordt een hele andere weg ingeslagen. Demeulemeester is op zoek naar de vrouw van nu die past binnen deze tijd. De moderne vrouw is om te beginnen in haar ogen een modern mens, want een al te groot verschil tussen man en vrouw wil ze niet maken. Althans niet op de *catwalk* en in de presentatie, daar toont ze mannen en vrouwen samen. De vrouw die Demeulemeester consequent neerzet is een frêle, zachte, elfachtige vrouw die tegelijkertijd stoer en nonchalant overkomt. Het zit hem in de combinatie van lintjes, transparante stofjes en veertjes tegenover stoere laarzen, afzakkende schouders en ruige teksten van Patti Smith als print op shirts. Eigenlijk is haar werk een zoektocht naar het juiste evenwicht tussen mannelijke en vrouwelijke elementen, tussen stoer en lief, hoe sensueel te zijn zonder dat de sex ervan afdruipt. Het erotische

ontstaat bij Demeulemeester toevallig, door een plotselinge opening of een afhangende schouder. Het is net dat bestudeerde raffinement in die nonchalante, bijna alledaagse presentatie die dat vleugje moderne erotiek geeft. Deze optelsom biedt een type waar veel vrouwen - en ook ontwerpers - zich vandaag de dag bij thuisvoelen. Dezelfde nonchalante onopgesmuktheid, het menselijke en gewone, de waarde van een mooi gemaakt stuk, het zijn ook de thema's in het werk van Helmut Lang, Veronique Branquinho en, in een iets andere vertaalslag, bij Maison Margiela. 'Ik beschouw mijn ontwerpen als het maken van een cadeau voor een anoniem iemand,' zegt Demeulemeester, om te benadrukken dat voor haar kleding de waarde van een mooi schilderij of een vaas kan hebben. Iets wat er niet alleen is voor *showing off* maar dat een poëtische zeggingskracht heeft, iets dat je kunt koesteren om hoe het gemaakt is.

het ontwerp op het voetstuk

De herwaardering van het vakmanschap en de aandacht voor een mooi gemaakt stuk komen al eerder op. Om precies te zijn in 1981, als Japanse ontwerpers als Rei Kawakubo van Comme des Garçons en Yohji Yamamoto voor het eerst in Parijs gaan showen en daar bijna een revolutie veroorzaken. Hun zwarte, rafelige, vreemd gemaakte kleren, geshowed op mannequins met platte schoenen, worden door een deel van de pers als onesthetisch en vrouwonvriendelijk bestempeld. Een kleine groep ziet echter de grote, vernieuwende kracht die ervan uit gaat en zal later gelijk krijgen.

De Japanners, grootgebracht in een cultuur met een totaal andere kledingtraditie, introduceren een totaal nieuw perspectief op de westerse mode. Yamamoto en Kawakubo assimileren alle westerse kledingklassiekers maar deconstrueren de jasjes, de colberts en overhemden op zo'n manier dat er nieuwe, frisse vormen uit tevoorschijn komen. Staaltjes van vakmanschap die een extra gelaagdheid geven, terwijl het tegelijkertijd 'gewone', bescheiden en vooral draagbare kledingstukken blijven.

Martin Margiela en Ann Demeulemeester zitten in 1981 nog op school, maar het is duidelijk dat deze Belgen en later ook de Nederlanders de Japanse ontwerpers als een voorbeeld zien. In de loop der jaren krijgt het nieuwe perspectief van de Japanners - het ontwerp op het voetstuk plaatsen - een brede navolging. Toch blijven de Japanners hierin uniek en het meest zuiver, door in feite nooit een vrouwbeeld te definiëren. Weliswaar nam Rei Kawakubo in 1997 het dwangmatige, starre lichaamsideaal op de korrel door een collectie te maken met bochels en bulten op plekken waar dat niet

wenselijk is. Maar ook dat bleef conceptueel, het ging niet over concrete vrouwen en hoe ze zich moeten verhouden tot uiterlijk, sex, mode, etc.

Ook voor Junya Watanabe, de protégé van Rei Kawakubo die begin jaren negentig zijn eerst collecties in Parijs presenteerde, geldt dat: 'Ik ontwerp 365 dagen per jaar allerlei commerciële collecties voor Comme des Garçons. Soms stuit ik daarbij op een technisch probleem. Dat daagt mij dan uit om een volgende collectie te maken. Om vrouwbeelden bekommer ik mij niet.' Ook bij hem is het model dus niet meer dan een levende paspop. Het ontwerp, het abstracte idee prevaleert en de vrouw is daarvoor het uithangbord.

Als niet-westerse ontwerper is de Turks-Cypriotische Hussein Chalayan in radicaliteit enigszins vergelijkbaar met de Japanners. Ook hij ontwerpt vanuit zeer abstracte concepten kledingstukken die bijna los van het lichaam staan. Het verschil is dat er bij hem bijna altijd een tweedeling is tussen concept en kleren. Het concept krijgt vaak vorm in een performance of installatie waarvanuit dan vervolgens een hele draagbare kledinglijn ontspruit. Met kleding die nadrukkelijk 'vrouwvriendelijk' is. En dat is in essentie, ook al komt het bij hem uit zijn kritiek op de moslimcultuur voort, eenzelfde vrouw als Ann Demeulemeester toont: zelfverzekerd, geraffineerd sensueel en op een niet-clichématige manier sexy.

het vrouwelijke vacüum

John Galliano noemt Kate Moss de Marilyn Monroe van deze tijd. Hoe we die uitspraak moeten interpreteren is niet duidelijk. Vindt hij graatmager het toppunt van erotiek? Of moeten we de uitspraak zien als een ironisch commentaar? Sinds de jaren tachtig is er veel gegrasduind in de geschiedenis van de mode, Hollywood en de sterren. Ook Galliano doet daaraan mee. Hij kan over over de top vrouwelijk zijn met op de jaren dertig geïnspireerde bias-cut jurken in prachtige belijningen. Hij houdt net als Westwood van historische elementen, maar is tegelijkertijd ook fan van de traditionele Eskimokleding en folklore uit Nepal. Hij is een meester in techniek en weet uit de combinatie van dat alles wonderlijke, overdadige creaties te maken. Maar voor wie hij het maakt en welk vrouwbeeld hij precies wil creëren, dat blijft even cryptisch als zijn uitspraak over Kate Moss. Mode lijkt voor hem eerder een grote verkleeddoos waar eindeloos en misschien wel vrijblijvend mee gespeeld kan worden.

Het lijkt erop dat bij Viktor & Rolf iets vergelijkbaars aan de hand is. Nu ze definitief het kunstcircuit achter zich hebben gelaten en nog uitsluitend mode maken, houden ze vol dat concept en idee voorop staan. Toevallig zijn deze wel altijd gebaseerd op filmfantasieën en modedromen. Ook bij hen zien we, net als bij Galliano, heimwee naar datgene wat ooit was: het communiemeisje, de musical, Jacky Kennedy. Door deze items in een strak concept te gieten - bijvoorbeeld door alles helemaal zwart te maken - weten ze hun beelden te moderniseren en te ontdoen van retrogevoel. Tegelijkertijd geeft dat vleugje romantiek aan het droge, onderliggende concept ook wat glans en luchtigheid. Dat maakt hun benadering beslist uniek. Maar wie die vrouw precies is? Dat varieert per seizoen; ze blijft, net als bij Galliano, een marionet die afhankelijk is van het modespel.

lang leve de lol

'Een open geest is voor mij belangrijker dan schoonheid. Wat een vrouw met mijn kleren zegt is dat status haar geen reet kan schelen, dat ze vrij en blij is en dat ze lol wil hebben, 'is de filosofie van Bernhard Willhelm, de jongste telg van de modefamilie. Wars van alle vertoon in de modewereld, heeft hij een anti-esthetiek ontwikkeld met kleren en modellen die balanceren op de grens van wansmaak. Beierse motieven op vilten rokjes en kinderlijke draken op te lange t-shirts maken zijn kleren vrolijk en dat is ook waar het om gaat: humor. Daarmee maakt Willhelm misschien wel het meest duidelijk dat we op dit moment op de puinhopen van de modegeschiedenis aan het dansen zijn. We proberen allerlei nieuwe definities uit. Wat is mannelijk en vrouwelijk? Wat is mooi en lelijk? Wat is opgesmukt en wat is casual? We weten nog niet welke kant het op moet.

JOSÉ TEUNISSEN
conservator mode Centraal Museum

A WOMAN IS NOT LIKE A BARBIE DOLL

In 2003 it seems that every fashion designer has their own story to tell. There is no single image of woman and no single fashion style, but many. But beneath the superficial diversity one can discern a number of clear lines that follow logically from the new sociopolitical situation in the early 21st century.

The emancipation of women in the 1970s has influenced the way in which we experience femininity. In the 1980s the Japanese first succeeded in introducing a non-Western aesthetic in fashion, as a result of which Paris has since become a multicultural platform where Moslem designers such as Hussein Chalayan are able to find their way.

Another explanation is to be found in the development of the fashion process itself. Why is it that that one ideal image and that single absolute 'look'is considered outmoded?

'I want to see the woman in the clothes and not the designer who dressed her,'says Ann Demeulemeester. For years Hussein Chalayan has averred that too often fashion is sold on the basis of sex appeal, attempting in his work to find other definitions of what constitutes 'sexy'. And Martin Margiela repeatedly resorts to radical measures to strip the women in his clothes of their identity. He blindfolds his models, pulls bags over their heads or provides them with huge sunglasses – all in order to ensure that the public looks at the clothes and not at who the model might be and whether she's having a good day.

Maison Margiela has been blindfolding its models since the very first show in 1988. Initially it seemed intended as a comment on the supermodel phenomenon that developed during those same years and completely dominated the media. For some time, the fact that Naomi Campbell or Christy Turlington were appearing on the catwalk merited more column inches than the clothes they were wearing. With hindsight, however, one could ask if this was indeed the reference Margiela intended. The super-model era has come and gone, while Maison Margiela still continues to show blindfolded women. They are part of Margiela's personal, unchanging fashion story. At Maison Margiela the essence always lies with the clothes themselves, with the way a fabric has been used, an unusual cut or the emotional aspects attached to a worn item of second-hand clothing. Clothing should be seen from close up, felt and experienced. For this reason many of Margiela's presentations are not really shows. Sometimes the designs are carried across the catwalk on their hangers by assistants clad in white dustcoats. At other times the show is replaced by an instructional film, in which a model shows how the garment has been put together and of what it is made. On a regular basis representatives of the media are invited to the studio for a private showing in which the collection is explained. On these occasions the ideas and background information to the clothes are set out with the aid of a single model whose task it is to demonstrate how all the garments should be worn. A decade of fashion presentations by Maison Martin Margiela - included in the WOMAN exhibition - make it plain that for Margiela, woman is little more than a living dressmaker's dummy, a functional element for showing clothes.

the first mannequins

Viewed against the background of the history of fashion it becomes apparent that Margiela assigns to the mannequin the same role she occupied in the late nineteenth century. A crucial moment in the history of fashion was the launch in 1858 of the couture house Charles Frederique Worth. Worth was the first designer to break with the tradition of following the new styles introduced at court and to set his own trends. The transformation of crinoline into bustle was his doing. Maison Worth developed into a fashion house with its own style and a distinctive signature. New, too was Worth's departure from the practice of having seamstresses show the model garments. Ladies visiting his salon were shown the dresses as worn by a mannequin engaged specifically for the purpose.**1** 'The woman who was later to become his wife, Marie Vernet, was one such mannequin, but soon combined this work with that of vendeuse. She soon became the point of contact, the leading lady and the face of Maison Worth. During the many promenades in the Bois de Boulogne – one of the few forms of promotion in existence at that time – Worth closely studied the way her skirts hung and moved as she walked. So it was that he hit upon the idea of gradually shifting the volume of the crinoline to the rear, thereby creating the bustle.**2** Little has been handed down about Marie Vernet, effectively Worth's muse. Despite her inspirational powers she never became a star. Worth himself did not cultivate her role as muse and womanly ideal (this is contrast to Poiret, who devoted an extensive part of his biography to his wife). Quite apart from Worth's input, however, the media to showcase such a phenomenon were in any case lacking. In those years photographs were still far from commonplace and film did not exist. The new fashion was illustrated in magazines by means of engravings and there the details were the most important factor. At that time the world had yet to undergo the visual mapping of photography that Susan Sontag termed 'the second age of exploration'. It was only with the advent of documentary and realistic media such as film and photography, which could reproduce every detail, that the henomenon of the model emerged as a sophisticated interaction of clothes and body.**3**

the modernity of Poiret

It seems that in his autobiography Poiret rather overstates his influence on the course of fashion, but the fact remains that he did play a key role in the creation of the modern fashion-aesthetic and the rise of the model. The phenomenon of the fashion show, the fascination with an ideal type, and the

modern eroticism and fashion-aesthetic of the moving body can all be attributed to Poiret.

In 1902 the couturier met the 16 year old Denise at a family friend's. He fell in love with her but they had to wait until 1905 before they could become engaged.**4** From then on, all his designs were modelled exclusively on and for her.' Denise was my first miracle. In the space of two years she developed into a new ideal of beauty, a new type of woman, the prototype of the twentieth century female figure,' Poiret wrote in his 1931 autobiography *En Habillant un Epoque*.**5** 'When I first set eyes on her, she possessed no style whatsoever. But as a couturier, my artist's eye recognised her hidden elegance. Under her clothes I saw a svelte and slim body completely unlike the fuller figure demanded by the taste that then prevailed.'

Poiret's contribution was revolutionary for his time. He raised the waistline and removed the numerous underskirts and corset, thereby creating a boyish woman whose body could be discerned under the supple hang of the dress. With that womanly image, Poiret drastically changed fashionable taste and the perception of beauty and the erotic. A youthful appearance had never previously been considered seductive. A woman was thought to be at her most beautiful and erotic when ripe and mature in her forties. Married women flirted and wore suggestive clothing, behaviour which was considered totally unsuitable for young girls, who were supposed to be sweet and innocent, also in their style of dress. In those days, young men with designs on a daughter mostly flirted with her mother.**6**

Thus it was that Poiret created the boyish and limber woman. After this it was no longer a matter of the right proportions in the right places, but whether a body was discernible in the clothes: legs that moved beneath a skirt or were visible through a slit. In order to convey that new feeling for sensuality, new media and other activities were required. Commissioned by Poiret, Paul Iribe and George Lepape drew modern fashion illustrations showing clean silhouettes in flowing lines to suggest some of the envisaged movement. Photographer Edward Steichen followed on closely with photographs - many modelled by Denise - which emphasised the texture, hang and transparency of the garments. But the most revolutionary innovation came in 1910, when Poiret organised his first public fashion shows.

The mannequin was no longer a living tailor's dummy presented to finicky ladies with eyes only for the gown. Suddenly there was an audience of men and women who came to admire the spectacle and wanted to see the interplay of clothing, model and movement.

The model became somebody who added something special to the clothes, who was a personality and knew how to show them off.**7** 'This transformation didn't occur overnight, of course. The first models were still shy and bashful, but by 1930 or thereabouts they had developed their own personality and energetic movement.

This was to be the enduring pattern of the twentieth-century fashion-aesthetic. The catwalk became the site of the ultimate fashion-moment. The poses changed over the years along with the types of movement and the erogenous zones - first the back and then the legs became the focal point - but the fundamental aesthetic continued unaltered. 'Fashion demanded to see a body in action, the interplay of clothing, drape and presentation. As such the catwalk today still remains the locus of the fashion moment.

the influence of Hollywood

From 1910 we see a parallel development in film. There too - Asta Nielsen is the first example - the celebrated plump actresses of the stage made way for limber, youthful figures which, it transpired, came over better on film. Being slim became an imperative of the beauty ideal, as the photographic image registers every roll of fat and a lot more imperfections besides. So too with teeth, noses, lips and hair - the film image magnifies any imperfection - there was room for aesthetic improvement. The new cosmetics invented for this purpose in Hollywood quickly found their way to the consumer. In the Forties and Fifties, cosmetics inventors Estée Lauder and Elizabeth Arden ensured that 'beauty' was available to all.

The mega-stars spawned by Hollywood from the Twenties onwards meant that women from all walks of life suddenly had an example of fashion they could follow in the minutest detail. When Joan Crawford defined her upper lip with a stark slash of lipstick, she was immediately widely copied. Women were even offered a choice of different role models. Depending on which role best suited their own physical appearance, women could choose to go through life as tomboy, girl next door or mysterious glamour girl. Whereas in the nineteenth century women had to be content with a few primitive aids such as the corset and crinoline to help fashion their femininity, by the 1930s femininity has become a construct conceived in detail from head to toe for women to play with and enjoy.**8**

The myth of the couturier, his inspirational muse and the ultimate model representing the seamless, living embodiment of his design experienced its zenith in the mid twentieth century. How much of a coincidence is it that the first Miss World contests was held in 1951. In 1952 Hubert de Givenchy designed a white blouse with wide sleeves that became legendary because he named the garment Bettina, after his favourite model in those years. Shortly afterwards Bettina was taken on by the then widely acclaimed designer

14 Christian Dior, whose fashion house she served exclusively for many years. Bettina was so instrumental in defining the face of the Fifties that the Matt company decided in 1959 to take her as model for the very first Barbie doll.

It was during that same era that the taste and imagery of fashion melted into that of Hollywood and rose to new heights. In 1956 Audrey Hepburn starred in Funny Face as the bookish girl who becomes a top model despite herself. The clothes she wears during the photo shoots and on the catwalk come from no less a couturier than De Givenchy. And in the 'real' fashion world, too, Audrey Hepburn was one of De Givenchy's favoured muses and often wore his outfits. Some time later a similar bond was created between Yves Saint Laurent and Catherine Deneuve, whom he not only clothed in the films of Bunuel but also viewed as his favourite model.

But this very zenith of fashion was undermined by a new spirit of the age. The youth culture of the Sixties emphatically distanced itself from anything to do with power and authority and so turned its back on fashion. The youthful rebels set their own dress codes and created their own images of the ideal – all with such a strength and vitality that from the Seventies onwards fashion looked to the street rather than to the Parisian designers, who lost their influence. The nonchalant, casual and simple fashion worn by the hippies made Fifties fashion and the Hollywood starlet look seem hopelessly dated, outmoded, finicky and stiff.

More importantly for the demise of the female ideal, perhaps, was the rise of the women's liberation movement towards the end of the Sixties. Feminists pointed out that women were not only disadvantaged in society, but that they were also short-changed in fashion, film and photography. While men in films were portrayed as active, resourceful and in control, women were reduced to visual objects, passive beings whose only raison d'être lay in being beautiful.9 In order to emphasize their feminine beauty, women were constrained to squeeze themselves into a range of tortuous attributes such as corsets, high heels, suspender belts and brassieres. Radical feminists turned to dungarees and overalls. Bras were ceremoniously burnt.10 For some considerable time from that moment on, fashion no longer knew how to relate to femininity. Even now we haven't quite decided on the nature of the relationship, as clearly emerges from the nine interviews contained in this book.

rediscovery
Looking back on the 1980s and 1990s one can say with hindsight that the reason why a number of designers became so important was because they attempted to formulate a new definition of femininity. To start with, there was Jean Paul Gaultier who put Madonna on stage in a corset sporting huge pointed breasts. Was she his muse? Or was Madonna an emancipated woman astute enough to see the power that lay in Gaultier's postmodern mix of historical styles and use it to her own advantage? Essentially she did the same as he; she played with all the female role models that the history of film and fashion in the twentieth century had to offer, but in doing so she emphasized the power play within traditional femininity and the art of seduction and the pleasure that comes in playing those games.

In essence that is also the philosophy Vivienne Westwood began propagating in the early Nineties. Having become famous as the fashion priestess of punk with her first husband Malcolm McLaren at her side, she later went on to delve into the history of costume by studying the pattern technology of the exhibits at London's Victoria & Albert Museum. This resulted in the launch of the contemporary mini-crini's, corsets and skirts with bustle – highly elaborate garments, yet adapted to modern times and comfortable to wear. Her corsets can be zipped up by the wearer.

Westwood also betrays a post-modern eclecticism but, in contrast to Gaultier, in her work it stems from a conviction that people should always make the best of themselves and should shun no means that enable them to do so. 'It's a pity that no-one looks like Marlène Dietrich any more. No-one takes the time to make themselves up so beautifully' Westwood sighs nostalgically. She, too, believes that the power of classic femininity has been sorely underrated. 'The best title I ever assigned to a collection was Vive La Cocotte (1995). I wanted to challenge women: see coquetry as power. Yes, we can manipulate men, no, we shouldn't want to be like them.'

Veronique Leroy is of the same school. She started with her first collections during this same period, showing outrageous glamour-girls in fake fur with tight lurex suits perched on high stiletto heels, to whom she imparted an ostentatious glamour. It wasn't long before Leroy and the then still unknown photographer Inez van Lamsweerde discovered one another, forging an almost total creative union that lasted for some years. Leroy supplied virtually all the clothes for Inez's photographs, while Inez in turn photographed all of Leroy's collections and invitations. It was evident that they shared a common vision of women and that vision is at its most powerful in their joint work. Leroy explains it as follows: 'Since the feminism of the Seventies, women were supposedly equal to men, but as a result the display of feminine curves had become so fraught that no emancipated woman

dared show them off for fear of being thought a submissive sex object. Consequently fashion in the Eighties was – and Japanese designers were partly responsible for this – mainly concerned with denying the body. I wanted to make the woman of the Nineties seductive and sexy once again, but in a way that was self-assured and self-confident. The woman I have created assembles her femininity and presents it in a display of power.'11

Nevertheless the return to that classic, seductive image of woman whose power was now being emphasised remained a loaded issue. Van Lamsweerde was to realise just how controversial their ideas were when, in 1992, her photo under Amsterdam's Hortus bridge of women in provocative poses who displayed their crotches when the bridge was raised was totally destroyed by radical feminists before the official opening.

back to humanity and the garment itself

The revaluation of the classic, seductive woman was not the only perspective. Designers such as Ann Demeulemeester, who began work in 1987, embarked on an entirely new path. 'Demeulemeester is engaged in a search for the contemporary woman at ease in these times. For Demeulemeester, this modern woman is first and foremost a modern person, as she does not like to draw too great a distinction between men and women. At least, not on the catwalk or during her shows, where men and women are shown together. Demeulemeester consistently presents woman as frail, soft, and elfin but also tough and nonchalant. The effect lies in the combination of ribbons, transparent materials and feathers teamed with tough boots, off-the shoulder cuts and raw texts by Patti Smith printed on shirts. In essence, Demeulemeester's work can be seen as a quest for the perfect balance between male and female elements, between being tough and being sweet, and how to be sensual without dripping sex. In Demeulemeester's work eroticism is created by chance: a sudden unexpected opening, an exposed shoulder. It is precisely this studied sophistication within the nonchalant, almost everyday presentation that yields this hint of contemporary eroticism. The sum of these parts yields a type with which many women – and designers too – feel at ease.

The same nonchalant informality, the concern with the human and ordinary and appreciation of the well-made garment, characterises the work of Helmut Lang, Veronique Branquinho and, in a slightly different way, Maison Margiela. 'I look upon my designs as if I were making a present for an anonymous person,' says Demeulemeester, emphasising that clothes, for her, can have the same value as a

beautiful vase or painting. Something that exists not simply to 'show off' but which possesses an intrinsic poetic eloquence, something which can be cherished for the way in which it has been made.

design on a pedestal

The renewed appreciation of craftsmanship and the well-made garment had occurred earlier – namely in 1981, when Japanese designers such as Rei Kawakubo from Comme des Garçons and Yohji Yamamoto mounted their first shows in Paris and prompted a near-revolution. Their frayed, strangely put together garments in black, paraded by models in flat shows, were vilified in parts of the press as unaesthetic and anti-women. But a select group of critics saw instead the innovative power of the collection and were later to be proved right.

The Japanese, raised in a culture with an entirely different clothing tradition, introduced a whole new perspective on western fashion. Yamamoto and Kawakubo assimilated all the classic western garments, but deconstructed the jackets, blazers and shirts in such a way as to create new, fresh forms. These were examples of craftsmanship with an added dimension, while at the same time staying 'ordinary', modest and, above all, wearable pieces of clothing.

In 1981 both Martin Margiela and Ann Demeulemeester were still at school, but it's clear that these Belgians – and later the Dutch too – took the Japanese designers as an example. During the ensuing years the new Japanese perspective – putting design on a pedestal – acquired a broad following. Even so the Japanese have retained their uniqueness in this regard and are also the most purist in that they never attempted to define a distinctive female image. It's true that in 1997 Rei Kawakubo lashed out at the rigid and compelling nature of the ideal body by presenting a collection featuring humps and bulges in undesirable places. However, this too was above all conceptual, failing to deal with actual women and how they should relate to bodily appearance, sex, fashion, etc.

The same is true for Junya Watanabe, Rei Kawakubo's one-time protege who launched his first collections in Paris in the early Nineties. 'For 365 days a year I design all kinds of commercial collections for Comme des Garcons. Sometimes I come up against a technical problem and that challenges me to embark on a new collection. I'm not concerned with images of women.' For him, too, women are little more than dressmaker's dummies made flesh. The design, the abstract idea, prevails and the woman functions as a means of display.

As a non-western designer, the Turkish Cypriot Hussein Chalayan espouses a radicalism akin to that of the Japanese. He, too, starts from highly abstract concepts to design clothes that seem almost unrelated to the body. But where Chalayan's work differs is in the almost invariable dichotomy between concept and clothing. The concept is often formulated by means of a performance or installation out of which a highly wearable collection emerges – clothing that is most emphatically 'women-friendly'. And in essence, although in Chalayan's case it sprouts from his vision of Moslem culture, it's the same woman that Ann Demeulemeester shows: self-possessed, sophisticatedly sensual and sexy in a non-stereotypical way.

the female vacuum

John Galliano has dubbed Kate Moss the Marilyn Monroe of our time. How we should interpret this aphorism is unclear. Does he regard wafer-thin as the height of eroticism? Or should we view his remarks as an ironic commentary? Since the Eighties designers have dabbled extensively in the history of fashion, Hollywood and the stars of the silver screen, and Galliano is one. He can take femininity over the top, as in his Thirties-inspired bias-cut dresses in wonderful lines. Just like Westwood he is fond of incorporating historic elements, but at the same time shows himself a fan of traditional Eskimo dress or the folkloristic style of Nepal. He is a master of technique and knows how to fashion wonderful, exaggerated creations from this combination of influences. But for whom he designs, and what image of woman he aims to project, remains as cryptic as his remarks about Kate Moss. For Galliano, fashion seems rather to be a gigantic dressing-up box with which to play endlessly, without obligations.

The same might be said for Viktor & Rolf. Even now they have definitively abandoned the art world to concentrate exclusively on fashion design, they maintain that concept and idea are paramount. Coincidentally, perhaps, these ideas are always based on film fantasies and dreams of fashion. Here too, just as with Galliano, one can discern a nostalgia for that which once was: the girl taking first communion, the musical, Jackie Kennedy. By incorporating such items within a starkly-defined concept – for example by colouring things completely black – they succeed in bringing their images up to date and in jettisoning the retro feeling. At the same time, however, that faint air of romance gives the dry underlying concept a shine and playfulness. It is this element that characterises the unique nature of their work. But who the woman is? That changes with the seasons; just as with Galliano she remains a puppet dependent on the whims of the fashion game.

long live fun

'An open mind is much more important than beauty, for me. What a woman says when she wears my clothes is that she doesn't give a fig about status, that she's free and happy and wants to have a good laugh.' Such is the philosophy of Bernhard Willhelm, the youngest scion of the fashion family. With a deep-seated aversion to all the outward show of the fashion industry, Willhelm has developed an anti-aesthetic with clothes and models bordering on bad taste. 'Bavarian motifs on felt skirts and childish dragons imprinted on oversized T-shirts make for cheerful, colourful clothes, and that's what it's all about as far as he is concerned – humour. In this way it is Willhelm, perhaps, who most explicitly spells out that we're currently dancing on the rubble of fashion history. We experiment with all manner of new definitions. What's masculine and what's feminine? What is beautiful and ugly? What is elegant and what's casual? We've no idea which way things should go.

JOSÉ TEUNISSEN
curator fashion centraal museum

1. Caroline Evans, 'The Enchanted Spectacle' Fashion Theory 5/3, Oxford: Berg 2001, p.271

2. Georgina O'Hara, The encyclopedia of Fashion, London: Thames and Hudson 1986, p.265

3. Op. Cit. (noot 1), p.271

4. Palmer White, Poiret London: Thonrot Press 1973

5. Paul Poiret, En Habillant l'epoque Paris: Grasset 1930

6. Cheryl Buckley & Hillary Fawcett, Fashioning the Feminine, London/New York: Tauris 2002

7. José Teunissen, Mode in Beweging Amsterdam: NFM 1992

8. Op. Cit. (noot 6), p.12

9. Laura Mulvey, 'Visual Pleasure and Narrative Cinema' Screen 16/3, London 1975

10. Wilson Elizabeth, Adorned in Dreams London: Virago 1985, p.228

11. José Teunissen, 'De agressieve glamour van Veronique Leroy', Items, tijdschrift voor vormgeving, no. 6, Amsterdam: BIS Publishers 1994

Ze gruwt van The Beatles en van rap. Van popmuziek in het algemeen, trouwens. En dat zegt de vrouw die jarenlang gezien werd als de styliste die zich een beetje leuk bemoeide met de muzikale projecten van haar vriend, Malcolm McLaren. Van haar kwamen dus die T-shirts met blote piemels erop van de Sex Pistols en de piratenpakken van Bow Wow Wow en Adam and the Ants.

Vivienne Westwood (1941) begon dertig jaar geleden met McLaren een winkeltje aan de Londense King's Road. Aldaar werd punk geboren, hun winkels 'Sex' en 'Seditionaries' waren de wieg van een stijlrevolutie. Toen hun relatie begin jaren tachtig over was, werd algemeen aangenomen dat de tot onderwijzeres opgeleide Westwood in de vergetelheid zou verdwijnen. Nee dus. Westwood groeide uit tot de toonaangevendste en eigenzinnigste ontwerpster van haar tijd. Wars van stromingen, met een intense liefde voor kostuumgeschiedenis, en met altijd de spectaculairste silhouetten. Zonder angst voor het lichaam, voor schouders, billen, heupen of borsten.

Westwoods damesmode straalde dominantie uit, iets aristocratisch of zelfs konink-lijks. Ze maakte sneller een uit de klui-ten gegroeid mantelpak dan een snoezig fladderend zomerjurkje. Het is in retro-spect niet eens zo verwonderlijk dat ze ooit, begin jaren '90, onuitgenodigd solliciteerde bij het Franse couturehuis Christian Dior, lang voordat John Galliano daar ontwerper werd. Westwood werd niet aangenomen; Dior was nog niet klaar voor de gemoderniseerde Victoriaanse blik. Maar als Galliano nu met zijn Britse uitbundigheid aan iemand schatplichtig is, is het Westwood. De ontwerpster bivakkeerde ondertussen jarenlang op de rand van bankroet, maar

She abhors the Beatles and she hates rap - in fact she can't stand pop music in general. And that from a woman who for years was regarded as the stylist with a creative input in the musical projects of her then boyfriend Malcolm McLaren. She was the one responsible for the T-shirts emblazoned with naked penises worn by the Sex Pistols, and the pirate costumes of Bow Wow Wow and Adam and the Ants. Thirty years ago Westwood (1941) and McLaren started up a little boutique on London's King's Road. There punk was born and the couple's 'Sex' and 'Seditionaries' boutiques (the name kept changing) unleashed a style revolution. When their relationship ended in the early Eighties, it was generally assumed that Westwood, who originally trained as a teacher, would sink back into obscurity. How wrong we were. Westwood grew into the most original and influential designer of her time, with her outspoken aversion to trends, her intense love of historical costume and her invariably spectacular silhouettes. She had no fear of the body, of shoulders, buttocks, hips or breasts. Westwood's women's wear exuded power; something aristocratic or even royal. She would sooner design an oversized women's suit than a sweet wisp of a summer frock. In retrospect it doesn't even seem that odd that she once, in the early Nineties, went uninvited to Christian Dior for a job, long before the fashion house took Galliano on as a designer. Westwood obviously was not taken on: at that time Dior was far from ready for the modernised Victorian look. But if the British, exuberant side of Galliano owes some debt to anyone, then it has to be Westwood. In the interim Westwood balanced on the edge of bankruptcy for many years but since then her business has flourished, in part thanks to Boudoir, the perfume that underpins her empire. Boudoir is not a light fragrance, any more than anything Westwood designs. The designer dislikes interviews, because she

17

inmiddels floreert haar bedrijf, mede dankzij Boudoir, het parfum dat de kurk is waarop haar zaak drijft. Het is geen licht luchtje, zoals niks bij Westwood flutterig gaat. Ze houdt niet van interviews, want ze is het liefst zelf aan het woord, over onderwerpen en met uitwijdingen die háár interesseren. Moet ze iets toelichten, dan doet ze dat graag schriftelijk. Hetgeen ze dan ook uitgebreid doet. Ze is net terug van een reis naar Leningrad, met Andreas Kronthaler, ooit haar student op de modeacademie van Wenen, nu haar echtgenoot en zakenpartner.

Kan een vrouw alles dragen? Is er nog zoiets als herenmode of is alles ook door vrouwen te dragen?

Ik heb ooit het korset zoals we dat in 17e en 18e-eeuwse schilderijen zien in de hedendaagse mode geherintroduceerd. Ik verkleinde de baleinconstructie en voegde elastische zijvlakken toe met een rits, zodat wat eens couture was, nu normaal gedragen kan worden. Je hebt geen dienstmeid nodig om je er in te rijgen. Ik noem dat het Stature of Liberty, omdat het de vrouw enerzijds stature, gestalte geeft, en toch heel comfortabel zit. Het versmalt de taille, benadrukt de heupen en duwt de borsten omhoog. Vanuit een gebeeldhouwde borstpartij komt het gezicht tevoorschijn, als bij een buste. Elke vrouw kan het aan; het vergroot haar unieke fysieke verschijning. Als ze mollig is, geeft het haar iets verhevens; als ze kleine borsten heeft, krijgt ze een vleugje decolleté, dat vind ik schattig en het heeft iets pervers.
Je vraagt of een vrouw alles kan dragen? Nee. Ze moet vóélen wat haar past en wat haar staat. Het is heerlijk om te leven, te groeien, en om je kleren met je mee te laten veranderen.

would rather do the talking, on subjects and related issues that interest her. Asked to explain something, she'd rather do it in writing. Which is what she did extensively, on her return from a trip to Leningrad together with Andreas Kronthaler, once one of her students at the fashion academy in Vienna and now her husband and business partner.

Can a woman wear everything? Is there still such a thing as 'men's wear' or is everything wearable by women too?

I reintroduced the corset that we see in 17th and 18th paintings into present day fashion. I reduced the boning and added elastic side panels and a zip so that what was once a couture garment is now ready-to-wear and you don't need a maid to fasten it. I call it the Stature of Liberty (S.O.L) because it gives stature and is most comfortable. It pulls in the waist and emphasizes the hips, pushing the breasts up to the throat. It presents the face as if from a sculptured bust. Any woman can wear it; it enhances her unique physical presence, if she's plump it makes her look grand, if she has tiny breasts she achieves a hint of decolleté which is adorable and probably perverse.
Can a woman wear anything? No: she has to have a feeling for her dress and what suits her. It's lovely to live your life and your clothes change with you.
Men's wear was codified during the 19th century and today's suit has hardly changed: the central model of excellence for men is still Saville Row tailoring. Women always found a reason or an excuse to wear a masculine look. Men's fashion can play with femininity through cut and flowing neckwear but the only way to take away trousers is to substitute oriental or ethnic garments e.g. kilt. We have designed flowing dresses for men for relaxing or entertainment at home. As far as I know only André Leon

Mannenmode werd in de negentiende eeuw gesystematiseerd en sindsdien is er weinig aan veranderd. Het ultieme mannenpak komt nog steeds van de kleermakers in Saville Row. Vrouwen hebben altijd redenen of excuses gezocht om mannelijke kleding te kunnen dragen. Andersom kun je in mannenmode spelen met vrouwelijkheid, door een bepaalde snit of een variatie op het boord of de das, maar je komt uiteindelijk alleen maar van de broek af door hem te vervangen door oosterse of etnische kledingstukken als de kilt. Wij hebben jurken voor mannen ontworpen, heel geschikt voor ontspanning of voor een avondje thuis. De enige mannen waarvan ik weet dat ze die in het openbaar gedragen hebben zijn André Leon Talley, redacteur van de Amerikaanse Vogue, en Andreas. Hij heeft wel eens de sensatie beschreven van een briesje dat op een zomeravond in Milaan door zijn paarszijden japon woei. Het is op straat soms moeilijk om het verschil te zien tussen mannen en vrouwen (en wat maakt het ook uit?). En toch vraag je me of mannenmode nog steeds als een aparte categorie aangemerkt kan worden. Laten we, voor alle duidelijkheid, zeggen dat ik massaconfectie geen mode noem.

Kunt u iets vertellen over uw moeder. Hoe zag ze eruit? Hield u van haar kleedgedrag? Droomde u daarom van kleren en ontwerpen? Had zij invloed op hoe u eruit zag?

Mijn moeder, die nu in de tachtig is, zegt dat ik op haar lijk: 'Jij en ik hielden altijd al van kleren.' Zij ging vaak 's middags al in een lange avondjurk naar een cricketwedstrijd kijken - haar favoriete jurk was een rode, waaierachtig

Talley and Andreas have been out in one and Andreas described the pleasure he felt walking through Milan one summer-night, his purple silk crêpe gown blowing in the breeze.
It is sometimes difficult to tell the difference between men and women whom you pass in the street (who cares, anyway?) and you are asking me if men's wear can still be classed as a separate category. To clear the point let's say I do not class stamped out mass apparel as fashion.

Could you tell me something about your mother. What did she look like? Did you like the way she dressed? Did it make you think or dream about designing clothes? Did she influence the way you looked yourself?

My mother who's now in her 80's says that I am like her, 'you and I have always loved clothes.' She used to go to watch the village cricket team in the late afternoon already dressed in her long dance dress - her favorite was a red fan-pleated silk chiffon - then pop home for tea and afterwards catch the bus to the dance hall in the nearest town.

What is your main focus: the design of the clothes, the way they are made, the construction, the cut, etc? Or the woman that's going to wear them?

My designs start with a cutting principle, which I may work out according to a look I'm after from something that has inspired me. The garment is finished when I like it. I have to like it! The greatest reward is to see a beautiful woman, or man, though of course it's the clothes, which help the effect of her presence.

Are clothes sexy?

A woman is always sexy if she looks important.

geplooide, zijden chiffon jurk. Na de
wedstrijd ging ze snel langs huis voor de
thee, en vervolgens pakte ze de bus naar
een dance hall in het dichtstbijzijnde
dorp.

Wat is voor u belangrijker bij het ontwerpen van kleding: de manier waarop het
gemaakt wordt, de constructie, de snit,
enzovoorts? Of de vrouw die het uiteindelijk zal dragen?

Mijn ontwerpen beginnen met een patroon
dat ik uitwerk naar aanleiding van de
look die ik wil, en die komt voor uit
iets dat me geïnspireerd heeft. Het kledingstuk is klaar als ik het mooi vind.
Ik moet het mooi vinden! De grootste
beloning bij het ontwerpen is als het
leidt tot een mooie vrouw, of een mooie
man. Het zijn natuurlijk wel de kleren
die de verschijning af maken.

Zijn kleren sexy?

Een vrouw is per definitie sexy als ze er
belangrijk uitziet.

U draagt uiteraard vaak uw eigen ontwerpen, maar zou u ook de kleren van andere
ontwerpers willen dragen?

Het grootste voordeel van mijn werk is
dat ik prachtige kleren heb om aan te
trekken. Als ik dat niet had zou ik gaan
voor de echte Engelse kleermakers en
breiwerk, en ik zou Yves Saint Laurent
dragen. Ik zou ook antieke mode of vintage kunnen dragen. Maar je moet wel heel
stijlvol van jezelf zijn om een oud kledingstuk goed te kunnen dragen, als je al
het geluk hebt om iets goeds te vinden.
Ik heb nooit echt de behoefte gehad om me
op de vlooienmarkt door stapels kleren

It's obvious that you wear your own
designs. Would you wear anybody
else's designs?

The greatest treat from my job is
that I have great clothes to wear.
Otherwise I would rely on real
English tailoring and knits and I
would have chosen Yves Saint
Laurent.
Another consideration would be
historical or vintage clothes. You
have to be awfully stylish to make
that vintage garment work for you
and very lucky to find it and I
have never had enough of an acqui-
sitive urge to go raking through
clothes in flea markets.
I used to make my own clothes until
I discovered 'Mr. Freedom' in the
late 60's. There were brilliant
boutiques in the King's Rd then.

Do you think femininity is changing? Will women look very different 10 years from now, in 2013?
You have often said that the 20th
century lacked respect for the
past: 'The 20th century tried to
throw out everything,' were your
words. Do you think this will change in the 21st century? Is mankind
improving and willing to learn?

The tendency is towards everdecreasing
choice due to the intrinsic methods
of mass-manufacture. This is tied
in with marketing, which comes
increasingly to be directed by
monopolies. Marketeers always under-
estimate the public yet their aim
is to maintain the bottom line,
which is another way of saying
their aim is to debauch public
taste.
Advertisers find ways to pretend
that several of identical products
each are special. The sad result of
this is to reduce individual types:
eventually there will be only 2 or
3 types of people left; in Brave
New World this was stabilized to a
variety of 5 types: we don't let
people do what they like, we make
people like what they do. This sums
op the credo = no choice.
Thinking people need great clothes.
Hope!

heen te werken. Vroeger maakte ik mijn eigen kleren, totdat ik 'Mr. Freedom' ontdekte. Je had destijds geweldige boetiekjes op King's Road.

Denkt u dat vrouwelijkheid verandert? Zien vrouwen er over tien jaar, in 2013, heel anders uit? U hebt ooit gezegd dat we in de twintigste eeuw weinig respect hadden voor het verleden. 'De twintigste eeuw probeerde alles uit het raam te flikkeren', dat waren uw woorden. Wordt dat anders in de 21ste eeuw? Heeft de mensheid wat dat betreft iets geleerd?

Vanwege de manier waarop massaconfectie wordt gemaakt heb je steeds minder keuze. Daarbij vraagt marketing, zoals alle grote bedrijven dat doen, ook om een simpel beeld met zo min mogelijk keuzemogelijkheden. Marketeers onderschatten altijd het publiek en het gaat ze uitsluitend om het handhaven van de winstmarge. Anders gezegd: ze gooien de smaak van de massa te grabbel. Die spitsvondige adverteerders weten hun eenvormige koopwaar zo te presenteren dat toch elk product uniek lijkt. Het treurige resultaat is dat de mensheid uiteindelijk versimpeld wordt tot twee of drie type mensen. In Brave New World hadden ze uiteindelijk nog vijf verschillende types; niet de mensen de vrijheid geven om te doen waar ze zin in hebben, maar zorgen dat ze zin hebben in datgene wat ze doen. Het is de geloofsbelijdenis van geen keus hebben. Maar mensen die nadenken hebben mooie kleren nodig.
Hoop!

Is it because I've been preparing this interview, that I've recently seen so many good reactions to the Westwood collections, or is the fashion world finally, after twenty-something years, paying you the respect you are due?

In 2004 the V&A are presenting a retrospective of my designs over 34 years. We have started to work on it and I myself am astonished by the richness and range.

I read somewhere that you don't care much for rock music. Is music an influence on you? Was music an influence when you started, or was it just that we think of music when we hear the word 'punk', and punk meant much more to you than just bands making music? I'm also asking you this because I loved the soundtrack of your recent women's wear collection in Paris: the rocking *Hot Child In The City* by Rick Gilder.

Most pop-music is unbearable. Rap! The Beatles - hands over ears. Neither do I like the German Romantics, Brahms, Beethoven. Otherwise I go a lot to concerts of classical music and the ballet. My favorite works must be *The Sleeping Beauty* and *Daphnis & Chloë*. I read for ideas and if all I had to read was on the level of Jane Austen I wouldn't read. I read mostly nonfiction but if people want ideas then read Anatole France, *Les Dieux ont Soif*.

Have you read Naomi Klein's book No Logo on globalism?

I haven't read Naomi Klein but I recommend Noreena Hertz' book on globalization, *The Silent Takeover. Global Capitalism and the Death of Democracy.*

Is het toeval dat ik recentelijk zoveel
goede reacties op uw collecties las, of
krijgt u van de modewereld eindelijk, na
twintig jaar, het respect dat u verdient?

In 2004 presenteert het Victoria & Albert
Museum in Londen een overzichtstentoon-
stelling van mijn ontwerpen van de laatste
34 jaar. We zijn al met de voorbereidingen
bezig en ik moet eerlijk zeggen dat ik
ook zelf versteld sta van de rijkdom en
reikwijdte van mijn werk.

Ik las ergens dat u niet van rockmuziek
houdt. Wordt u beïnvloed door muziek?
Was muziek van invloed toen u begon met
ontwerpen, of komt het alleen door het
woord 'punk' dat we steeds aan muziek
moeten denken? Betekende punk meer voor
u dan wat bandjes die muziek maakten? Ik
denk eraan omdat ik laatst bij uw modeshow in Parijs die geweldige hardrock-
stamper *Hot Child in the City* van Rick
Gilder hoorde.

De meeste popmuziek is onuitstaanbaar.
Rap? The Beatles? Vingers in je oren!
Ik hou ook niet van Duitse romantici als
Brahms en Beethoven. Maar ik ga wel vaak
naar klassieke concerten en naar ballet.
Mijn favoriete stukken zijn *The Sleeping
Beauty* en *Daphnis and Chloë*.
Ik lees veel om ideeën op te doen, maar
als alles het niveau van Jane Austen had
zou ik nog liever níét lezen. Ik lees
liefst non-fictie. En wie nog een goeie
tip wil hebben: *Les Dieux ont Soif* van
Anatole France!

Hebt u *No Logo*, Naomi Kleins aanklacht
tegen globalisatie, gelezen?

Nee, maar ik kan *The Silent Takeover.
Global Capitalism and the Death of*

You are reputed to spend a lot of
time in archives and museums. Could
you give me an example of something
you recently discovered, something
you didn't know or had forgotten
about, something that made you
enthusiastic?

Looking at Greek vases I thought
about the decorative bands of
pattern on the clothes and made
designs for intarsia and knitwear.
I then thought of a cutting principle
to make the lines of these patterns
more abstract and use them as seams
to control volume; the highpoint of
this experiment was a long-sleeved
ball gown with a grand skirt com-
prised of just 2 pattern pieces and
a triangular gusset.

Wasn't it you who gave us the
motto: 'When in doubt, overdress'?

When in doubt dress up not down.

What do you think of when I say
'The Netherlands'?

I love to look at 17th century
Dutch painting. I love to get lost
in Ruysdael's landscapes and there
is a painting of a rough sea slash-
ing round a jetty (Louvre). The
suck of the undercurrent as it is
smashed back by the jetty and its
effect on the waves convinces one
that this is exactly how it would
be; you hear the slap of the waves
and the rain that hits you in the
wind makes you want to run.
His figures are always so interesting. There is a painting of a
beach (Hermitage) with several
figures paddling in the sea; the
men have taken off their stocking
but the women let their fashionable
dresses trail in the water; the
individuality of each figure seems
so specific yet it is submerged
with the others by the complete
picture of the scene.
I could go through them all, landscapes, still-life's, flowers,
Hals, Vermeer - he is my favorite
painter with Titian - so original
that for 200 years after his death
he was unknown. And Rembrandt is a

Democracy van Noreena Hertz van harte aanbevelen.

<u>U hebt de naam veel in archieven en musea te zitten, voor onderzoek. Kunt u een voorbeeld geven van recente ontdekking, iets dat u niet kende, iets dat u inspireerde?</u>

Toen ik op Griekse vazen van die decoratieve stroken van patronen op de kleding zag, heb ik dat vervolgens gebruikt voor het inlegwerk en de breisels die ik ontwierp. Ik bedacht een manier om de stof zo te knippen dat het motief abstracter leek en dat paste ik toe bij de naden, om het volume in toom te houden. Het hoogtepunt van dat experiment was een baljurk met lange mouwen en een enorme rok die uit slechts twee patroondelen en een driehoekig inzetstuk bestond.

<u>Van u is toch het motto 'Bij twijfel, kleed je zo uitbundig mogelijk'?</u>

Bij twijfel: liever uitpakken dan inhouden.

<u>Waar denkt u aan als ik 'Nederland' zeg?</u>

Ik kijk graag naar 17e-eeuwse Hollandse schilderijen. Ik kan mezelf compleet verliezen in de landschappen van Ruysdael; in het Louvre hangt een schilderij van een woeste zee die om een pier spoelt. Als ik de zuiging van de onderstroom zie als de golven op de pier beuken, weet ik zeker dat het precies zo moet zijn geweest. Je hoort de golven dreunen en de regen die in je gezicht striemt maakt dat je weg wilt hollen.
De mensen bij Ruysdael zijn altijd interessant. In de Hermitage hangt een schilderij van een strand met daarop een aan-

class of his own. I just saw his Return of the Prodigal Son in the Hermitage. Andreas said, 'how could you ever say what the painting is worth? You can't speak of money. Is it worth all the cost of the armaments of America, or of a spaceship to the moon? You can't compare it to anything?' I agree: there is no relation between price and value.

<u>What do you think of when I say 'Coco Chanel'?</u>

A cruel woman. But she's right: clothes look best on skinny women. Dior was kind, he pulled you in with a corset.

<u>What do you think of when I say 'Boudoir'?</u>

I adore it.

I enjoyed the questions. Thank you. Vivienne Westwood

GERT JONKERS

tal figuren die pootje baden in de zee.
De mannen hebben hun sokken uitgedaan,
maar de vrouwen laten hun modieuze jurken
in het water hangen. Ieder figuur op dat
schilderij heeft z'n eigen karakter, en
toch verdwijnen ze ook in het totaal-
beeld.
Ik kan ze allemaal wel noemen: landschappen, stillevens, bloemstukken, Hals,
Vermeer - hij is met Titiaan mijn favoriete schilder. Vermeer is zo origineel
dat hij tot 200 jaar na zijn dood onbe-
kend bleef. En Rembrandt is een klasse
apart. Ik heb net in de Hermitage zijn
Terugkeer van de Verloren Zoon gezien.
Andreas zei: 'Hoe kun je ooit de waarde
van zo'n schilderij bepalen? Je kunt
helemaal niet over geldwaarde spreken. Is
het net zoveel waard als alle wapens van
Amerika, of net zoveel als een raket naar
de maan? Je kunt het nergens mee verge-
lijken.' En dat vind ik ook: er is geen
verband tussen prijs en waarde.

Waar denk je aan als ik de naam 'Coco
Chanel' noem?

Een wreed mens. Maar ze had wel gelijk:
kleren zijn het mooist op slanke vrouwen.
Christian Dior was zo vriendelijk om
vrouwen slanker te maken; hij snoerde ze
in een korset.

Waar denkt u aan als ik 'Boudoir' zeg?

Ben ik dol op.

Ik heb genoten van de vragen. Dank u.
Vivienne Westwood

GERT JONKERS

28

or of a spaceship to the moon? You can't compare it to anything." I agree: there is no relation between price + value.

Coco Chanel: a cruel woman. But she's right: clothes look best on skinny women. Dior was kind, he pulled you in with a corset.

Boudoir: I adore it.

I haven't read Naomi Klein but I recommend Noreena Hertz' book on globalization,
"The Silent Takeover."

I enjoyed the questions. Thank you,
Vivienne Westwood.

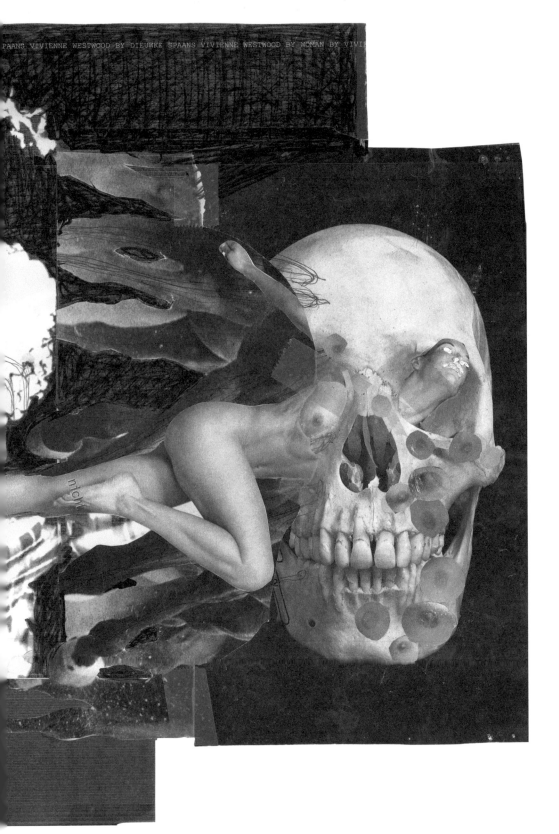

32

Natuurlijk vond John Galliano het niet leuk dat hij in 1993 bankroet was, maar hij was het inmiddels wel gewend om zo nu en dan een tijdje bij vrienden op de bank te moeten slapen. Erger vond hij het dat hij dat seizoen geen show in Parijs kon geven. De spectaculairste modeontwerper van de afgelopen twee decennia mist namelijk niet graag een kans om dat spektakel ook daadwerkelijk op te voeren. Een half jaar later bemiddelde de hoofdredactrice van de Amerikaanse *Vogue* hoogstpersoonlijk bij het vinden van een nieuwe geldschieter. Sindsdien gaat de zegetocht van John Galliano bijna kaarsrecht omhoog; hij is de absolute superster van de hedendaagse mode.

John Galliano (1960) groeide op in Londen, studeerde daar aan St. Martin's School of Art en had een bijbaantje als dresser bij het theater. Zijn eindexamenshow *Les Incroyables* in 1984 was een groot succes; weldoordacht, indrukwekkend, en een verbluffende mix van historie en actualiteit. Dat bleef zijn stijl sindsdien: hij ontwerpt extreem hedendaagse, mooie, vrouwelijke kleren met veel respect voor driehonderd jaar kostuumgeschiedenis en eeuwenoude folklore.

Hij ploeterde na school een paar jaar in Londen, vertrok naar Parijs, kreeg steeds meer belangrijke klanten als Madonna, Nan Kempner, Dodie Rosekrans en Beatrice de Rothschild.

Het feit dat die traditionele couture-draagsters bij hem kochten, was een reden voor Bernard Arnault, de schatrijke baas van modeconcern LVMH, om in 1995 de vacante positie van hoofdontwerper bij couturehuis Givenchy aan Galliano aan te bieden. Om hem vervolgens, een jaar

Of course John Galliano wasn't too amused when, in 1993, he was bankrupt. He was actually getting used to having to sleep on the couch at a friend's place. What was worse, he thought, was that he had to skip a season at the Paris fashion shows. The most spectacular designer of the last two decades hates to miss the opportunity to actually stage that spectacle.

Half a year later the chief editor of American *Vogue* mediated in finding a new financial backer. Since then, the triumph of John Galliano goes almost straight up in the sky. He is the superstar of today's fashion world.

John Galliano (1960) grew up in London. There he studied at St. Martin's School of Art and for a sidejob he was a dresser at the theater. His graduation show *Les Incroyables* in 1984 was a major succes; very well-considered, impressive, and a stunning mix of history and actuality. That has been his style ever since. John Galliano designs extremely contemporary, beautiful, feminine clothes with lots of respect for threehundred years of costuming and centuries of folklore.

After school, he struggled some years in London, moved to Paris, where he attracted more and more famous clients like Madonna, Nan Kempner, Dodie Rosekrans and Beatrice de Rothschild.

The mere fact that those couture clients were buying at Galliano's, was a good reason for Bernard Arnault, the billionaire owner of fashion group LVMH, to offer the vacant position as head designer of couturehouse Givenchy to Galliano in 1995. Only to relocate him within a year to the mother of all couture houses Christian Dior. Exactly fifty years after the spectacular launch of the 'new look' by Christian Dior, Arnault wanted another sensation, for which he thought then designer Gianfranco Ferré to be useless.

In 1997, Galliano debuted with a couture collection at Dior, and since then he gave the brand a spec-

33

later, door te schuiven naar de hoofd-
prijs aller couturehuizen, Christian
Dior. Want Arnault had, precies vijftig
jaar na de spectaculaire lancering van de
new look door Dior, zin in een nieuwe
sensatie, en daarvoor kon hij Gianfranco
Ferré, de zittende ontwerper van Dior,
niet langer gebruiken.
Galliano debuteerde in januari 1997 met
een couturecollectie bij Dior, en hij gaf
het merk sindsdien een wonderbaarlijke
facelift. De damesmode van Dior is uitbundig, refereert veelvuldig aan andere
culturen en andere tijden, is uitgesproken
geil en verkoopt weer als een tierelier.
Sindsdien verdeelt John Galliano zijn
tijd tussen het hoofdkantoor van Dior aan
Avenue Montaigne, waar het zo chique is
dat je vanzelf gaat fluisteren, en een
modern verbouwde oude poppenfabriek in
het volkse, twintigste arrondissement van
Parijs, waar het hoofdkantoor van zijn
eigen merk Galliano zit. Hij ontwerpt
tien damesmodecollecties per jaar en hij
lanceert binnenkort een Galliano-mannen-
lijn. Zijn shows zijn nog elk seizoen de
sensatie van Parijs, een stad die hij
'romantisch' en 'statig' noemt. Londen is
voor hem de stad van muziek en energie,
Nederland is het land van het ijskoude
koningshuis. En vrouwelijkheid? 'Dat is
mijn drug, mijn *raison d'être*'.

Kan een vrouw alles dragen?

Natuurlijk, en juist vandaag de dag hebben
vrouwen de vrijheid om dat ook te doen.
We leven in een maatschappij waarin vrouwen
onafhankelijk zijn, ze reizen meer en
door de globalisering staan ze overal en
altijd open voor invloeden vanuit de hele

tacular face-lift. Dior's women's
wear is exuberant, refers constantly
to faraway cultures and past times,
is explicitly sexy and selling
again by the shiploads.
Since then, John Galliano spends
his days at the Dior headquarters
on Avenue Montaigne, where's it's
so chique one tends to whisper in
stead of talk, or at the radically
refurbished doll factory in the
folksy 20th arrondissement in
Paris, where his own brand resides.
Galliano designs ten women's wear
collections per year and he's about
to launch his ows men's wear line
for Galliano. Every season, his
Parision shows remain Fashion
Week's sensation. He calls Paris
'majestic' and 'romantic', against
London as 'the music' and 'the
energy'. The Netherlands, for him,
is the country of the 'regal ice
queens'. And what about femininity?
'It's my drug, my raison d'être'.

Can a woman wear everything?

Of course, and women today have
the freedom to do just that. We
live in a society were women are
independent, they travel more and
through globalisation they are open
to the same influences from around
the world simultaneously. The old
rules and boundaries of style and
taste have evolved and today's
women are making up their own
rules, rules that move in sync with
their lifestyles. For myself personally, I believe that femininity is
women's underlying strength.
However way they choose to dress, I
enjoy it most when their femininity
is enhanced.

Is there such a thing as men's wear?

In my opinion there will always be,
both sexes are fundamentally different. We function differently, think
differently, seduce differently.
Therefore our clothing requirements
are different.

Has your look on femininity changed over the years? Is 'your woman' in 2003 a radically different one from

wereld. Allerlei oude regels en grenzen
van stijl en smaak zijn veranderd; tegenwoordig maken vrouwen hun eigen regels,
die even beweeglijk zijn als hun *life-
style*. Ikzelf geloof ik dat vrouwelijkheid de oerkracht of het geheime wapen
van vrouwen is. Hoe ze zich ook kleden,
ik geniet er het meest van als ze hun
vrouwelijkheid versterken.

Bestaat er naast mode voor vrouwen ook
zoiets als mannenmode?

Ja, en ik denk dat dat ook altijd zo zal
blijven. De beide seksen zijn fundamen-
teel verschillend. We functioneren
anders, denken anders, verleiden anders.
Daarom worden er ook verschillende eisen
gesteld aan onze kleren.

Is uw blik op vrouwelijkheid in de loop
der jaren veranderd? Is uw vrouw van nu
radicaal anders dan degene voor wie u in
uw eerste collecties ontwierp? En als dat
zo is, wat is het verschil?

Mijn werkwijze is altijd dezelfde gebleven;
wat telt zijn moderniteit, vrouwelijkheid
en romantiek. Toch is het zo dat de mode
mee verandert met de maatschappij. Wat
modeontwerpers laten zien is een afspiege-
ling van de hedendaagse maatschappij. De
industrie heeft zich ontwikkeld; nieuwe
technieken geven nieuwe uitdagingen en
maken creatieve oplossingen mogelijk. Dus
verandert mijn werk constant mee met die
ontwikkelingen, en met mijn persoonlijke
vooruitgang. Ik moet bekennen dat - ook
al houd ik van vrouwen en vind ik ze
fascinerend - het er niet om gaat hoe ze
er aan de oppervlakte uitzien, mijn

the one you designed for in your
first collections? If so, could you
describe the difference?

My approach to my work remains
constant, in that what counts is
modernity, femininity and romance.
However, society continues to evolve,
as does fashion along with it. What
we express is a reflection of society
today. The industry itself has
advanced offering new techniques to
help us solve creative challenges.
Therefore, my work is constantly
moving along with these developments
and with my own personal evolution.
I must say though, that I really
love women, and find them fascinating.
It's not just how they look on the
surface, my admiration goes deeper
than that. I see myself as their
accomplice, I have a duty towards
them.
What inspires me most in women is
a certain inner strength, and women
who are in control of their own
destiny. I have dedicated my whole
working life to the creation of
clothing that I hope will enhance
their beauty and bring them moments
of joy and amusement to their
lives.

Do you think 'femininity' is changing? Will women look very different in 10 years, and if so, what
will they look like?

10 years is only around the corner.
I've been in the business for 20
years and I can't say that women
have physically changed that much.
Socially speaking though, they have
begun to make their place in the
world. That is unfortunately only
in our western world; there is
still enormous progress to be made
in other cultures. This is where I
hope to see change in the future.

Are clothes always supposed to be
sexy?

Clothing is about the expression of
personality and individuality, and
is reflectory of society today.
Depending on the situations and
context clothing serves to put

bewondering gaat dieper dan dat. Ik zie
mezelf als hun medeplichtige, ik heb een
plicht ten opzichte van hen.
Wat me het meest inspireert in vrouwen is
een zekere innerlijke kracht. En ik hou
van vrouwen die hun eigen lot in de hand
nemen. Mijn hele carrière heb ik opgedragen
aan het maken van kleding die, hoop ik,
hun schoonheid kracht bij zet en die
vreugde en plezier in hun levens brengt.

Denkt u dat 'vrouwelijkheid' verandert?
Zien vrouwen er over tien jaar anders
uit, en zo ja, hoe zien ze er dan uit?

Tien jaar is niks... Ik zit al twintig
jaar in het vak en ik kan niet zeggen dat
vrouwen fysiek erg veranderd zijn.
Sociaal gezien krijgen ze een steeds meer
een plek in de wereld. Helaas is dat
alleen in de westerse wereld het geval;
in andere culturen valt wat dat betreft
nog een boel te bewerkstelligen. Ik hoop
dat dat in de toekomst gaat gebeuren.

Zijn kleren altijd sexy bedoeld?

Kleding gaat over het uitdrukken van
persoonlijkheid en individualiteit, en
weerspiegelt de huidige maatschappij.
Afhankelijk van de situatie en de omgeving
kan kleding verschillende signalen afge-
ven. Toch geloof ik dat kleding altijd
genot en plezier moet geven. Dat getuigt
van respect voor anderen, en voor jezelf.

Hoe hoog kunnen naaldhakken maximaal
zijn? Geldt voor u: hoe hoger hoe beter?

Hoge hakken geven een houding, verbeteren
het figuur en versterken de uitstraling

across different messages. However,
I do believe that dressing up
should always be a pleasure and
fun. It denotes respect towards
others and towards oneself.

What is the maximum height for high
heels?

High heels give posture, improve
the figure and add attitude to a
girl, provided she is comfortable
and not about to teeter over in
them.

In a lot of your recent collections
you have some way or another refer-
red to the army, with camouflage
prints, heraldic details (like the
Dior Couture pieces in the museum
in Utrecht), epaulets, cargo pants,
use of colour, etc. What makes the
army influences in women's wear
important for you? If we think of
'army' first we think of something
predominantly male, don't we?

The army surplus influence has
entered into today's street vocabu-
lary and as such become an integral
part of the new Dior codes. It is
the de-contextualisation that I find
interesting. The notion of taking
something initially masculine,
created for combat, and in the case
of camouflage to conceal, and using
this in a feminine context and for
the purpose of enhancement and
seduction is somewhat ironic. It's
re-interpreting it and making it
relevant for today that proves the
challenge. Also, as a designer I
have always enjoyed the juxtaposi-
tion of the savage and the refined,
it has been a constant and recur-
ring part of my work over the past
20 years. The military lends itself
perfectly to the idea of mixing
something elegant with something
brute.
Concerning the pieces in the exposition, there is a more military
feeling taken from the Russian
Cossacks, from the days when their
coats were so magnificently cut and
lavishly embellished. The overall
effect being regal and magnificent.
Prior to the collection, along with

van een vrouw, als ze zich tenminste op haar gemak voelt en niet elk moment dreigt om te vallen.

In veel van uw recente collecties verwijst u op een of andere manier naar het leger; met camouflageprints, epauletten, legerbroeken, kleurgebruik en medailleachtige details, zoals in een van de couturestukken in het museum in Utrecht. Waarom die legerinvloeden in vrouwenkleding? Als we aan het leger denken, dan denken we toch in de eerste plaats aan mannen?

De taal van de straat is doordrenkt van de legerinvloeden, en daarom is het een integraal onderdeel van de nieuwe Dior-code. Juist het uit de context halen van die symboliek vind ik interessant. Om iets mannelijks te nemen, gemaakt voor de strijd, of in het geval van camouflage om iets te verbergen, en om dat in een vrouwelijke omgeving en met het oog op versterking en verleiding te gebruiken. Het is wel wat ironisch. De uitdaging is om het opnieuw te interpreteren en er een actuele draai aan te geven. Bovendien, als ontwerper heb ik altijd graag het ruwe naast het verfijnde gezet. Dat is al twintig jaar een constant terugkerend onderdeel in mijn werk. Het militaire leent zich perfect om elegantie te mengen met iets brutaals.
Wat de stukken in de tentoonstelling betreft: daarin zit het militaire gevoel van de Russische kozakken, uit de tijd dat hun jassen zo prachtig gesneden en rijk versierd waren. Het effect is koninklijk en heel overweldigend. Voorafgaand aan die specifieke collectie heb ik met mijn team twaalf dagen in St.

my team, we had spent 12 days in St. Petersburg where we totally immersed ourselves in Russian history, culture and folklore. I had wanted to look at beautiful, qualitative workmanship and craftsmanship. It was a moving and enriching voyage, one which has left many wonderful memories and souvenirs. The collection then saw a return to the basic cut, the fluidity of the materials, a new lightness, it was a move away from the sophistication that we had been working previously.

Can you tell me something about the research trips? Is it essential for every collection to go somewhere far away? Isn't it, as a result of globalisation, getting harder to go somewhere on earth where there is a specific style? Could you give me an example of an object or design that has really struck you recently?

The creative process for us begins with our research trips. Before, I saw the world through books and my imagination, today I find the real experience more stimulating. Just to see the true colours, smell the odours, observe the people, taste their food or hear their music. I have enormous respect for traditional values, cultures and religions and all that one can learn from them.
After such a trip upon our return we put everything we have collected into what we call the 'Bible', everything from metro tickets to beer mats. Anything that might fire our imagination is brought back and stuck in the scrap books that make up the bible for the season to come. Initially the ideas go into the haute couture, but then we industrialise it, we take it as an inspiration for the whole house. It gives all the divisions a coherence, which is then seen through the merchandising, the marketing and the window displays globally. You even see it in the advertising campaigns. To illustrate how any innate object can inspire us, for the Autumn/Winter 2002-2003 Haute

Petersburg gezeten. Daar hebben we ons volledig ondergedompeld in de Russische geschiedenis, cultuur en folklore. Ik wilde mooi, kwalitatief hoogstaand ambachtswerk en vakmanschap zien. Dat was een ontroerende en vruchtbare reis, waaraan ik veel herinneringen en souvenirs heb overgehouden. De collectie die we toen gemaakt hebben was gebaseerd op een terugkeer naar het simpele silhouet, de souplesse van stoffen, een nieuwe lichtheid. Het was een stap voorwaarts, voorwaarts van de verfijning waaraan we voordien hadden gewerkt.

Kunt u iets over die onderzoeksreizen vertellen? Is het voor elke collectie belangrijk om ver weg te gaan? Is het resultaat van de voortdurende globalisering niet dat het steeds moeilijker wordt om naar een plek op de aarde te gaan waar een specifieke eigen stijl bestaat? En kunt u me een voorbeeld geven van een voorwerp of ontwerp dat u echt heeft getroffen of verbaasd?

Voor ons begint het creatieve proces met onze 'ontdekkingsreizen'. Voordien kende ik de wereld uit boeken en uit mijn fantasie, tegenwoordig vind ik de echte ervaring veel stimulerender. Alleen al om die kleuren te zien, de geuren te ruiken, de mensen te observeren, hun keuken te proeven en hun muziek te horen. Ik heb enorm veel respect voor traditionele waarden, culturen en religies en voor alles wat je van hen kunt leren.
Na zo'n reis plakken we alles wat we hebben verzameld in wat we de 'bijbel' noemen. Alles, van metrokaartjes tot bierviltjes. Alles wat onze verbeelding

Couture collection we created a romantic flowery print which was in fact directly inspired by Russian serving trays. The print was then used on the Ready to Wear, the lingerie, swimwear, hosiery and jewellery. This illustrates how the haute couture is truly the essence of the house, its oxygen. I see myself as the spark that ignites the fire that then keeps the motor running! It is a creative process that works for us today, we have succeeded in making the haute couture relevant to today's Dior world.

Vivienne Westwood once gave us the immortal fashion tip 'When in doubt, overdress'. What would your fashion advise be?

I would simply say, 'be yourself!'

GERT JONKERS

kan aanzwengelen nemen we mee en stoppen
we in die plakboeken die de bijbel vormen
voor het volgende seizoen. Eerst komen de
ideeën terecht in de haute couture, en
vervolgens industrialiseren we het, we
maken het tot een inspiratiebron voor het
hele huis Dior. Daarmee wordt alles wat
we dat seizoen doen een eenheid, overal
op aarde, in merchandising, de marketing,
in de etalages; je vindt het zelfs terug
in de reclamecampagnes.
Als voorbeeld van hoe elk voorwerp ons
kan inspireren, maakten we voor de
herfst/winter 2002/2003 couturecollectie
een romantisch bloemenpatroon dat recht-
streeks ontleend was aan dienbladen die
we in Rusland vonden. Dat motief pasten
we toe in de *ready-to-wear*, de lingerie,
zwemkleding, kousen en sieraden. Het laat
zien dat haute couture echt de essentie
is van het Huis, de zuurstof ervan. En ik
zie mezelf als de vonk die het vuur ont-
steekt en de motor draaiende houdt. Het
is een creatief proces dat voor ons nu
goed werkt. We zijn erin geslaagd de
haute couture essentieel te maken voor de
dagelijkse wereld van Dior.

Vivienne Westwood gaf ons ooit haar
ultieme modetip: 'Bij twijfel, kleed je
zo uitbundig mogelijk'. Wat zou uw tip
zijn?

Ik zou simpelweg zeggen: Wees jezelf!

GERT JONKERS

44

COUTURE BY DIEUWKE SPAANS DIOR COUTURE BY DIEUWKE SPAANS - S/S 2002 - DIOR COUTURE BY DIEUWKE SPAANS DIOR COUTURE BY DIEUWKE

45

48

THREE LENGHTS
SHORT
STANDARD
LONG

THREE WEIGH
T-SHIRT
SWEAT-SHI
SWEATER

THREE CUTS
NARROW LEG
STANDARD LEG
WIDE LEG

THREE SIZES
SMALL BAG
STANDARD B
BIG BAG

NES
STANDARD NECK
ECK

MAISON
MARTIN
MARGIE LA

6

Zoals Prince in de volksmond altijd Prince is blijven heten, ook toen hij zichzelf anders noemde, zo spreekt men in de mode over Martin Margiela als een persoon: een man, Belg, geboren te Leuven in 1957 of 1959, voormalig assistent van Jean-Paul Gaultier, en bovenal een geniaal modeontwerper. Maar het bedrijf zelf spreekt uitsluitend over 'Maison Martin Margiela', een collectief van tientallen mensen, met een strikte huisstijl. Ze dragen altijd witte stofjassen, Margiela's Parijse kantoor en de winkels in Parijs, Brussel en Tokio zijn ietwat slordig witgesausde, ruwe ruimtes.

De presentaties van Maison Martin Margiela kennen ook zo hun eigen rituelen. Bij de shows voor de damesmode wordt steevast rode wijn in witte plastic bekertjes geschonken. De mannenmode wordt gepresenteerd in Margiela's eigen showroom, met uitgebreide toelichting op elk kledingstuk of accessoire, en met koffie en broodjes onder handbereik. De modellen lijken zo van straat geplukt, promofoto's en -films hebben een volstrekt alledaagse setting. Wie om een foto van de ontwerper vraagt krijgt een groepsportret van alle medewerkers, met daartussen één lege stoel, want Martin Margiela zelf gaat nooit op de foto en vertoont zich niet op feestjes of bij shows. Media riskeren ruzie als ze het wagen om een van de zeldzame, oude portretjes die er van Martin bestaan te plaatsen. Een interview met de ontwerper is uitgesloten, het bedrijf beantwoordt eventuele vragen schriftelijk. Op persoonlijke vragen over leeftijd of jeugd wordt niet gereageerd. Hun antwoord gaat vergezeld van de opmerking 'dat de antwoorden op uw vragen door de groep zijn geformuleerd,

Just as Prince has always stayed Prince to most people despite the rock star's attempts to take on other names, so people continue to talk about Martin Margiela as a single person: a man, a Belgian, born in Louvain in 1957 or 1959, formerly an assistant to Jean-Paul Gaultier, and above all, a fashion-designer of genius. But the company itself refers exclusively to the Maison Martin Margiela, a collective of dozens of people with a strict house-style. All the staff wear white dust coats, while Margiela's office and shops in Paris, Brussels and Tokyo are roughly whitewashed, raw spaces.

The Maison Martin Margiela presentations are also subject to ritual. At the women's wear shows, the Maison invariably serves red wine in white plastic beakers. The men's wear is presented in Margiela's own showroom, accompanied by an extensive commentary on each item of clothing or accessory and with coffee and sandwiches within reach. The models look like they've been plucked off the street while the promotional photos and films are resolutely set in the everyday. Requests for a photo of the designer are answered with a photograph of all the staff grouped around an emphatically empty chair, as Martin Margiela never poses for pictures or makes an appearance at parties or shows. The media risk trouble if they dare to request publication of one of the rare, old portraits of Martin Margiela that still exist. An interview with the designer is out of the question and the company answers any questions one may have in writing. Personal questions about age or Martin Margiela's youth are ignored. Their answers are accompanied by the remark that: 'Our answers to your questions have been reached as a team, with the input of Mr Margiela, and are offered here in the name of the Maison Martin Margiela, not Martin Margiela as an individual. This explains the use of the first person plural instead of singular throughout.'

49

50

met bijdragen van meneer Margiela, en dat ze aangeboden worden onder de naam Maison Martin Margiela, niet Martin Margiela als persoon. Dit verklaart het gebruik van de derde persoon meervoud in plaats van enkelvoud.'

Vreemd, en dat terwijl de mode van Maison Martin Margiela aan het normale en traditionele grenst. De collecties zijn weliswaar sterk conceptmatig (gebaseerd op de cirkel, op Japanse vouwkunst, op maat XXXXL, op de omkering, enzovoorts) maar de kleding is toch bovenal draagbaar en sierlijk. Margiela is met stip het meest gedragen merk in modekringen, zijn naam gaat steevast vergezeld van de omschrijving 'visionair'. De ontwerper, of beter gezegd het team, ontwerpt ook de dameslijn van het ultrachique Franse modehuis Hermès.

Kunt u een toelichting geven op datgene wat u in Utrecht laat zien: een compilatie van presentatiefilmpjes die u door de jaren heen hebt gemaakt. Wat was het doel van die films? Wanneer begon u ermee?
Op één plek, eenmalig, zal alle audiovisuele documentatie van onze vrouwencollecties op film, super 8 en video te zien zijn; vanaf onze eerste show voor voorjaar/zomer 1989. Wij zien het meer als een samenvatting van ons werk tot op heden, dan als een artistieke uiting via een 'installatie' in een tentoonstelling of een museum.

Kan een vrouw alles dragen?
Als ze dat wil, en binnen de mogelijkheden van gewicht, grootte en 'draagbaarheid', natuurlijk!

Strange, and that while the fashion of Maison Martin Margiela verges on the ordinary and the traditional. To be sure, the collections are strongly conceptual (based on the circle, Japanese origami, on size XXXXL, on reversal) but the clothing is above all wearable and elegant. Margiela is by far the most frequently worn label in fashion circles and his name is invariably coupled with the adjective 'visionary'. The designer - or rather the team - also designs the women's line for the ultrachic French fashion house Hermes.

Could you give an explanation to the installation you'll be showing at the WOMAN-show in Utrecht? Your installation is a compilation of the presentation films you made over the years. Could you tell me some more about the intentions of these films? Like, why you started making them?
We are assembling in one place and at one time the audio-visual documentation on film, super 8 and video of each of our collections for women since our first for s/s 1989. For us this will be a document of our work to date, more than an expression via an 'installation' as it may usually be perceived in the context of an exhibition or a museum.

Can a woman wear anything?
If she wishes to, and within the limitations weight, proportion and 'vestibility', of course!

Is there still such a thing as 'men's wear'...
Of course!

...or is every garment suitable for women?
Never say never or ever!

In relation to this, it's interesting that you recently opened a new, separate men's wear shop in Paris, close to your shop in Rue de Montpensier. It seems to me that especially your men's wear can be worn, and is very often being worn,

Bestaat er zoiets als specifieke herenmode?
Natuurlijk!

Of is elk kledingstuk geschikt voor vrouwen?
Zeg nooit nooit of ooit!

In verband hiermee is het interessant dat
u onlangs in Parijs een nieuwe mannen-
modewinkel hebt geopend, in de buurt van
uw winkel in de Rue de Montpensier. Ik
dacht dat uw herenkleding prima door vrouwen gedragen kan worden. Waarom dan toch
twee verschillende locaties?
Twee 'variaties op een thema', twee kanten
van één munt, een verschil in sfeer wat
het hopelijk voor onze klanten, man én
vrouw, gemakkelijker maakt om ons te
begrijpen, en wij hen.

Kunt u iets vertellen over uw moeder?
-

Hoe zag ze eruit? Wat vond u van haar
kleedgedrag?
-

Is het dankzij haar dat u in mode geïnteresseerd raakte en zelf dameskleding bent
gaan ontwerpen?
-

Waarop bent u bij het ontwerpen voorname-
lijk gericht: de constructie van een
kledingstuk…
Ja.

… de stof…
Ja.

… de snit…
Ja.

by women. Why then two different
locations?
Two 'variations on a theme', two
sides to one coin, a choice of
atmosphere in the hope that this
will increase the ease and stimula-
tion for understanding with which
our customers, male or female, may
approach us, and us them.

Could you tell me something about
your mother?
-

What did she look like? Did you
like her way of dressing?
-

Was it she who sparked your interest in fashion, and your will to
design women's wear?
-

What's your main focus when you
design: is it the construction of
the garment…
Yes.

the fabric…
Yes.

the cut…
Yes.

the way it's produced?
Yes.

Or are you focussed on the woman
who will wear the garment…
Yes.

… and/or the way the garment will
be worn by her?
Yes. Yes to all of these, yet not
always at once. Not every garment
can or will always respond to the
demands placed on it by all of
these determinants or skills at any
one time. A garment may be brought
to life by a cocktail of a selected few of these elements at one
time. Only the garments that attain
a rarefied level of perfection will
satisfy all of these demands at
once.

... of de manier waarop het kledingstuk
geproduceerd wordt?
Ja.

Of bent u gericht op de vrouw die het
gaat dragen...
Ja.

... of de manier waarop zij het kledingstuk
draagt?
Ja. Het antwoord op al deze vragen is ja,
maar niet allemaal tegelijk. Niet elk kledingstuk kan of wil steeds voldoen aan de
eisen die er door al deze factoren of
bekwaamheden aan gesteld worden. Een kledingstuk kan op een bepaald moment tot
leven komen dankzij een mix van de genoem-
de factoren. Alleen het zeldzame 'perfecte
kledingstuk' voldoet tegelijkertijd aan
alle eisen.

Hebt u een 'muze' en is ze een bestaand
persoon? Weet zij dat ze uw muze is?
Zoals we gewend zijn te antwoorden:
'Niemand in het bijzonder en veel mensen
in het algemeen!' Iedereen in ons team
heeft zijn eigen idolen en inspiratiebron-
nen. Toch worden we meer beïnvloed en
geïnspireerd door de gebaren en bijzonder-
heden van het dagelijkse leven en door de
lappendeken die zij samen vormen, dan door
individuen.
Dus weet onze muze dat ze onze muze is?
We denken van niet. De lijst met personen
is veel te lang en onze telepathische
krachten zijn daarvoor te zwak!

Hoe beïnvloedt ze uw collectie? Heeft u
ook een mannelijke muze?
Dezelfde dynamiek geldt voor mannen en
voor vrouwen, alleen is het resultaat en
expressie anders!

Do you have a 'muse'? is she a
specific, 'existing' person?
As we are prone to reply: 'None in
particular and many in general'!
Within our team we all have our
idols and sources of inspiration.
It is true to say however that it
is more the gestures and details of
daily life and the patchwork they
produce that influence and inspire
us, rather than individuals.
Does she know she's your muse?
We shouldn't think so. The list is
too long and our powers of telepa-
thy too weak!

How does she influence your collections? Do you also have a male
muse?
The same dynamic applies for men as
for women yet the resulting expression will clearly differ!

Do you design your collections for
Hermès with a different woman in
mind than your collections for
Maison Martin Margiela?
We have always said that, for us,
the two collections are as two jux-
taposed answers offered to two
distinct questions posed of the
same person/team.

Are clothes erotic or sexy?
They can be, either as a primary
objective or in how they are perceived by the wearer and/or behol-
der.

What do clothes do to the erotic
attraction of the person who wears
them?
The result of any alchemy between
the spirit of an individual and a
garment will always depend on the
kaleidoscopic possibilities of the
mix, and ratio between the garment
itself, and the moment, the personality and mood of the wearer, and
the perception, personality and
mood of the perceiver. All this to
say that there is no one rule of
thumb to apply and many possibilities.

Do you try every design on yourself
before you have it produced, to see
what the effect is?

Ontwerpt u uw collecties voor Hermès met een andere vrouw in gedachten dan uw collecties voor Maison Martin Margiela?
Wij zeggen altijd dat de twee collecties twee naast elkaar gelegen antwoorden op twee afzonderlijke vragen zijn, gesteld aan dezelfde persoon/groep.

Zijn kleren sexy?
Dat kunnen ze zijn, óf als primair uitgangspunt óf door de manier waarop ze door de drager en/of de toeschouwer gezien worden.

Welk effect hebben kleren op de erotische aantrekkingskracht van de persoon die ze draagt?
Het resultaat van de alchemie tussen de geest van een individu en een kledingstuk zal altijd afhankelijk zijn van de caleidoscopische mogelijkheden van de mix, en de verhouding tussen de kleding en het moment, de persoonlijkheid en stemming van de drager, en de perceptie, persoonlijkheid en stemming van de toeschouwer. Samengevat wil het slechts zeggen dat er geen vaste regel bestaat; er zijn vele mogelijkheden.

Past u elk ontwerp zelf voor dat u het in productie neemt, om te kijken wat het effect is?
Die rol is toebedeeld aan ons 'pasmodel'. Al onze kledingstukken worden gepast en op het lichaam geperfectioneerd.

Doet u dat met zowel mannen- als vrouwenkleding? Dit vraag ik niet bij wijze van grap; ik ken mannelijke ontwerpers die alles minstens een keer aanpassen, ook hun ontwerpen voor vrouwenkleren.
Onze pasmodellen vervullen die rol met verve voor al onze collecties - er is geen reden om afbreuk te doen aan hun rol en inbreng!

This is the role of our 'Fitting Model'. All of our garments are tried on and perfected on the body.

Do you do this with men's wear as well as women's wear? (This is not a joke; I know of male designers who try everything on at least once, even their women's wear designs.)
Our fitting models fulfil this role in exemplary style for each of our collections - no need to usurp their role and input!

At your fashion shows the women are often 'masked', sometimes with make-up, sometimes with a real mask. Is that to make us, the audience, focus on the clothes, to not let the personality of the models take the lead? Is there another reason, if any?
A fashion show is for us a professional context, a construct within which the professional roles of all are not only clear but pre-determined. The story of any fashion show is, for us, the collection. On many occasions, the first being at our very first show for s/s 1989, the faces of the women presenting the collection were indeed veiled with a light silk chiffon. On this instance and on the subsequent occasions this was to create a sense of unity amongst the women so that the story of the collection and the development of its ideas could be told to the professional audience with the minimum of distraction. Once the audience had seen all of the outfits of the collection, the women then remove their mask (or other unifying element) to reveal their faces and individuality and combine what they are wearing with whom they are, before passing in front of all of the public a second time.

From your designs and collections there's an obvious love for old and often 'used' clothes. What do you find in old clothes that a new, 'perfect' dress may not have?
The silent testament of its past life.

54

Bij uw shows zijn de modellen vaak 'gemaskerd', soms met make-up, soms met een masker. Is dat om ons, de toeschouwers, te laten kijken naar de kleren, om te voorkomen dat de persoonlijkheid van de modellen de overhand krijgt?

Een modeshow is, als onderdeel van ons vak, een constructie waarin de rollen van iedereen niet alleen duidelijk zijn, maar ook van tevoren vastgesteld. In al onze shows staat de collectie centraal. Vaak - en voor het eerst bij onze allereerste presentatie, voor lente/zomer 1989 - waren de gezichten van de vrouwen die de collectie lieten zien gesluierd met een lichte, zijden chiffon. Toen, en bij latere shows, wilden we een eenheid creëren in de modellen, zodat het verhaal van de collectie en de ontwikkeling van ideeën met een minimum aan afleiding aan het professionele publiek verteld werd.

Aan het einde van de show, als het publiek eenmaal alle kleren gezien heeft, nemen de vrouwen hun maskers af, om hun gezichten en hun persoonlijkheid te tonen. Ze combineren wat ze dragen met wie ze zijn en ze lopen nogmaals langs het publiek.

Uit uw ontwerpen en collecties spreekt een duidelijke liefde voor oude en gebruikte kleren. Wat heeft een oud kledingstuk, dat een nieuwe, 'perfecte' jurk misschien niet heeft?

De stille getuigenis van haar verleden.

Ik las ergens dat u uw collecties niet echt archiveert of bewaart. Is dat waar? Waarom koestert u uw eigen geschiedenis niet?

Dat is helemaal niet waar! Wij beschikken juist over zeer uitvoerige archieven van onze collecties!

I read somewhere that you tend not to store or keep or archive your own collections. Is that true? Why don't you cherish your own 'history'?
This is not actually true! We even have rather extensive garment archives of our past collections!

You give much attention to the presentations of your collections, in such way that they're always very much recognisable as 'Maison Martin Margiela'; in shows, in your showroom, on photo and film. How do you look at the way other media present your clothes?
With interest and often with respect and awe.

Are you happy by the fashion magazines' interpretations?
For the most part yes.

Are you happy with the way people wear your clothes on the street?
We feel that once a designer has presented their collection, it, in a certain way, no longer belongs to them but to the wearer. It is therefore not really for us to be happy or not with the 'way' others wear our designs, but simply in the fact that they wear them. Needless to say, and in parallel, it can also be a great source of happiness and pride to see that your work is considered relevant by others as it is incorporated into the fabric of their personalities and lives.

Does it give you an extra perspective on your work?
When it is witnessed, yes of course. As it will, we contend, for any red blooded designer &/or design team.

I've noticed some concern amongst Margiela fans about the possible long-term effect of Renzo Rosso buying a major share in your company Neuf group. Could you say something about the future of Martin Margiela?
Our arrangement is with Mr Renzo Rosso, owner of Diesel Group, who has entered our company as principle shareholder. Neuf group/Maison Martin Margiela will benefit from his considerable expertise and experience in relation to the future development of our House and Brand.

U besteedt bij shows, in uw showroom en op foto en film altijd veel aandacht aan de presentatie van uw collecties, en ze zijn als zodanig zeer herkenbaar als typisch 'Maison Martin Margiela'. Hoe kijkt u naar de manier waarop andere media vervolgens uw kleren presenteren?
Met interesse en vaak met respect en ontzag.

Bent u blij met de manier waarop modebladen uw werk interpreteren?
Over het algemeen wel, ja.

Bent u blij met de manier waarop mensen op straat uw kleren dragen?
Wij vinden dat als een ontwerper zijn collectie eenmaal heeft gepresenteerd, zij op een bepaalde manier niet meer van hem is, maar van degene die haar draagt. Daarom is het voor ons niet zozeer een kwestie van wel of niet tevreden zijn over 'de manier' waarop anderen onze ontwerpen dragen, maar simpelweg over het feit dát ze het dragen. Het is wellicht overbodig om daaraan toe te voegen dat het ook een bron van geluk en trots kan zijn, dat anderen je werk relevant vinden; dat het deel uitmaakt van hun persoonlijkheid en dagelijks leven.

Biedt zo'n herinterpretatie u een andere blik op uw werk?
Als het gezien wordt, ja natuurlijk. Wij zijn net zo betrokken als elke andere ontwerper &/of ontwerpteam van vlees en bloed.

In all eventualities we see our future as a bright one of creative challenge, reaction, unison and requitement. Mr Rosso's joining us can, in our view, only help make it easier for us to reach for our goals and hopefully realise our dreams.

What's the most inspiring thing that struck you recently as a designer? And why was it new, fresh & inspiring to you?
That evolution and mutation are not only true constants in general, but also a clear means with which to remain constant, persist and persevere. This inspires through the openness, fragility and collaboration it demands.

Concerning fashion: does the world have a sense for quality?
Yes, and increasingly so. Though often one must wonder if this heightened degree of quality offered is not superfluous, given the context within which it is offered.

What do you think of when I say 'The Netherlands'?
Within the limited context of our own past:
Our exhibition at the Boijmans van Beuningen museum in Rotterdam a few years ago, as well as the interest of the Dutch press in our work and the support we have received over the years from the shops that have stocked our collections there.
In general:
Sea faring, low lands, dikes, trading, architecture, Old Masters, flowers, Philips, cheese, beer, rigor, design, emerging fashion, maatjes and salty wine gums!

What do you think of when I say 'femininity'?
That femininity is a whole, a sum of many parts, a grouping of a multitude of mentalities, sensibilities and sensualities.

Were you born in 1957 or 1959?
The Maison Martin Margiela began in Paris in 1988.

GERT JONKERS

Sommige Margielafans zijn ongerust over de mogelijke gevolgen van het grote aandeel dat Renzo Rosso onlangs gekocht heeft in uw firma Neuf group. Kunt u iets zeggen over de toekomst van Martin Margiela?

We hebben een overeenkomst met de heer Renzo Rosso, eigenaar van de Diesel Group, die grootaandeelhouder van onze firma is geworden is. Neuf Group/Maison Martin Margiela zal profijt hebben van zijn indrukwekkende ervaring en expertise bij de toekomstige ontwikkeling van ons Huis en Merk.

Op alle fronten zien we een stralende toekomst tegemoet, vol creatieve uitdaging, reactie, harmonie en beloning. We denken dat de komst van de heer Rosso kan bijdragen aan het behalen van onze doelstellingen, en hopelijk aan het verwezenlijken van onze dromen.

Kunt u een voorbeeld noemen van iets dat u onlangs als ontwerper inspireerde? Waarom was het nieuw en fris en inspirerend?

Dat evolutie en verandering niet alleen in het algemeen echte onveranderlijke grootheden zijn, maar ook heldere werktuigen om stabiel te blijven, om stand te houden en door te zetten. Het inspireert door de openheid, breekbaarheid en samenwerking die het van ons eist.

Heeft de wereld wat betreft mode oog voor kwaliteit?

Ja, en zelfs steeds meer. Hoewel men zich kan afvragen of die verhoogde graad van kwaliteit niet overbodig is, gezien de omgeving waarin het aangeboden wordt.

Waar denkt u aan bij het woord 'Nederland'?

Binnen de beperkte context van ons eigen verleden: onze tentoonstelling in museum Boijmans van Beuningen in Rotterdam, een paar jaar geleden. Maar ook de interesse van de Nederlandse pers voor ons werk en de steun die we al jarenlang krijgen van de winkels die onze collecties verkopen. In het algemeen: zeevaart, lage landen, dijken, handel, architectuur, oude meesters, bloemen, Philips, kaas, bier, stijfheid, design, ontluikende mode, maatjes en zoute drop!

Waar denkt u aan bij het woord 'vrouwelijkheid'?

Dat vrouwelijkheid een geheel is, een som der delen, een verzameling van denkwijzen, fijngevoeligheden en zinnelijkheden.

Bent u in 1957 of 1959 geboren?

Maison Martin Margiela is begonnen in Parijs in 1988.

GERT JONKERS

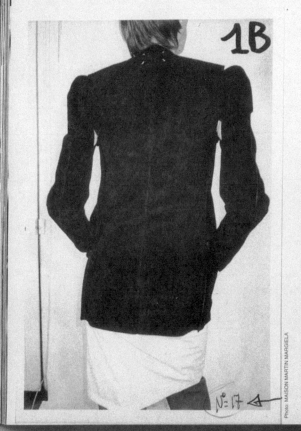

ELLE LE TIENT FERMÉ OU ZIPPE

N= 11

1B

Photo: MAISON MARTIN MARGIELA

Photo: MAISON MARTIN MARGIELA

N= 17

UN MOUVEMENT TOUR

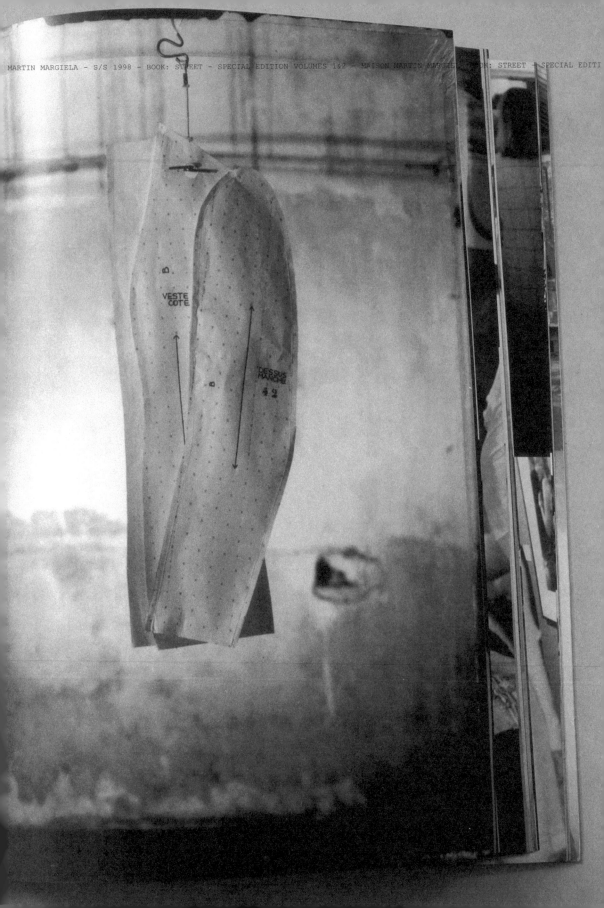

60

62

63

64

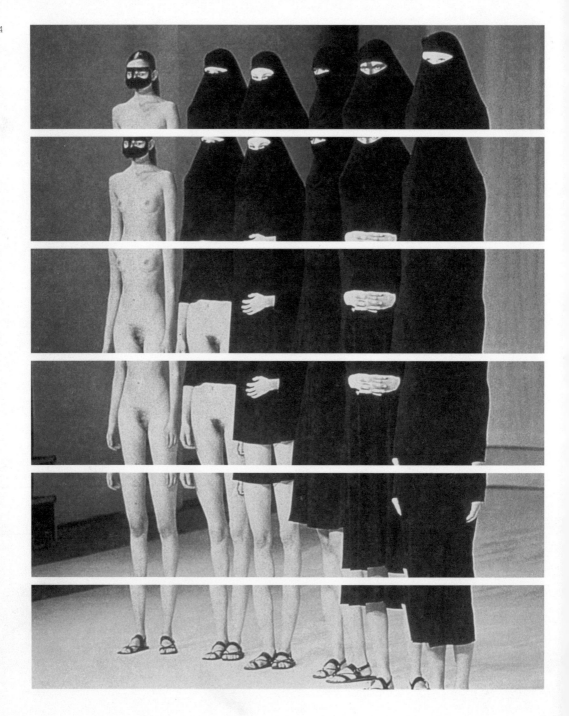

De van oorsprong Turks-Cypriotische Hussein Chalayan (1970) studeerde in 1993 af aan het St. Martin's college in Londen, met de inmiddels befaamde 'buried garments'. In de achtertuin van een vriend had hij een paar maanden lang met metaal bepoederde jurken begraven die na opgraving prachtige roestpatronen gekregen hadden. De jurken werden onmiddellijk door designerswinkel Browns in de etalage gehangen en vanaf dat moment werd Hussein Chalayan bestempeld als een van de meest veelbelovende ontwerpers. Inmiddels heeft hij een goed lopende en draagbare mannen- en vrouwenlijn die halfjaarlijks in Parijs gepresenteerd wordt. Zijn faam dankt hij vooral aan de intrigerende presentaties, installaties en museumevenementen die hij rondom en naast deze collecties bedenkt. Voor WOMAN ontwierp Chalayan een driedelige installatie die op 7 maart 2003 tevens het startonderdeel van zijn Parijse show zal zijn. 'Voor mij zijn dit soort projecten van levensbelang. Daar haal ik mijn echte inspiratie uit.'

Een van de meest intrigerende modestatements is *Between s/s 1998*. Daarin begin je de show met een naakte vrouw met een klein masker op, vervolgens verschijnt er een met halflange chador en de laatste is van top tot teen gesluierd.

Wat ik daar probeer te zeggen is dat je als mens naakt wordt geboren, maar gaandeweg in het leven identiteit ontwikkelt door de culturele bepalingen die je omgeving je stelt. Halverwege de show liet ik de modellen terugkomen in witte

The Turkish-Cypriot designer Hussein Chalayan (1970) graduated from St. Martin's College London in 1993 with his now famous 'buried garments' collection. Having buried dresses sprinkled with metal filings in a friend's back garden, he dug them up after a couple of months to find they had acquired beautiful rust patterns. The gowns were immediately snapped up by the designer boutique Browns for display in their window and since then Hussein Chalayan has been labelled as one of the most promising designers of his day. He has since developed a successful and wearable men and women's line that is presented twice yearly in Paris. His fame derives mainly from the intriguing presentations, installations and museum events conceived around and alongside his collections. For WOMAN, Chalayan has designed a three-part installation that will also form the opening element in his Paris show on March 7, 2003. 'For me these kinds of project are vitally important. These are the source of my real inspiration.'

One of the most intriguing fashion statements is *Between s/s 1998* in which you begin the show with a naked woman wearing a diminutive mask, followed by a woman in a half-length chador and, lastly, one veiled from head to toe.

What I was attempting to say there is that as a human you start out naked and identity forms through a lifetime of cultural impositions. Halfway through the show I had the models come back in white chadors and fix the audience with a piercing stare that lasted several minutes. Women who regard you from behind a veil; it has an element of the threatening about it. The paradox of Islam is that the women wear veils in order to eliminate their beauty and attractiveness. But the desire for anonymity and invisibility works like a boomerang. You stand out when you take the veil, certainly in western society. Who controls the gaze? The

chadors. Ze keken het publiek een paar minuten doordringend aan. Vrouwen die je vanachter hun sluiers direct aankijken, daar gaat iets heel dreigends vanuit. De paradox van de Islam is dat ze vrouwen sluiers laat dragen om hun schoonheid en aantrekkingskracht te elimineren. Maar de wens om anoniem en ongezien te blijven werkt als een boemerang. Je valt enorm op met een sluier, zeker in een westerse samenleving. Wie beheerst de blik? De moslimvrouw die vanachter haar sluier de zaak beloert of degene die haar ziet? Over dat soort dingen ging het.

Mode als politiek statement?

Nou.. ik ontwerp om thema's uit het hedendaagse leven aan de orde te stellen. Dat kan van alles zijn, maar de conditionering en culturele bepaaldheid van het menselijk gedrag interesseert me zeer. Hoe hoort een man zich te gedragen en hoe een vrouw? Hoe ontwikkelen we ons als mens? Ik weet niet hoe je het precies moet omschrijven, maar je zou dat een antropologische belangstelling kunnen noemen. In de ene cultuur is het normaal als wildvreemden die toevallig op een terras aan hetzelfde tafeltje zitten met elkaar gaan praten en in andere culturen zwijgen ze. Doordat ik ben opgevoed in twee radicaal verschillende culturen ben ik me zeer bewust van dit soort verschillen. In *Ambimorphous n/w 2002/2003* - de collectie waarin ik Turkse klederdracht liet evolueren tot westerse kleding - heb ik bijvoorbeeld veel aandacht besteed aan de selectie van modellen. Hun gelaatstrekken moesten in de loop van het defilé

Muslim woman who surveys the world from behind her veil or those who see her? Those were the kind of issues it addressed.

Fashion as political statement?

Well... I design as a way of addressing contemporary themes. That could be anything, but the conditioning and cultural determination of human behaviour interests me a lot. How should a man behave and how should a woman behave? How do we develop as people? I don't know how you would describe it exactly, but I suppose you could call it an anthropological interest. In some cultures it's quite normal for strangers who happen to find themselves sitting at the same table to strike up a conversation, in other cultures they remain silent. Because I grew up in two radically different cultures, I'm very conscious of such differences. In *Ambimorphous a/w 2002/2003* for example - the collection where I let Turkish costume evolve into Western dress - I paid a lot of attention to the selection of the models. During the course of the fashion parade their features had to evolve along with the clothes from Oriental and ethnic to European. As they became more Western, one experienced them more as models and they also appeared more powerful.

'Fashion has too long been sold on sex' you say regularly in interviews. What do you mean exactly?

Fashion as we now get to see it on television looks more and more like a pop video. It's about spectacle, a new type of glamour. Supermodels have replaced the film stars of earlier years. That's mainly due to the commercial nature of contemporary life and the way in which things are sold to people. I think that products are often sold on the basis of sex-appeal. I'm susceptible to that myself, but at the same time it makes me conscious of what I do and do not like. We are

stapsgewijs met de kleding mee evolueren van Oriëntaals en etnisch naar Europees. Naarmate ze westerser werden, ervoer je ze meer als model en leken ze ook machtiger.

'Fashion is too long sold on sex' benadruk je regelmatig in interviews. Wat bedoel je daarmee?

Mode, zoals we die nu te zien krijgen op televisie, is eigenlijk steeds meer op popvideo gaan lijken. Het gaat om het spektakel, om een nieuw type glamour. Supermodellen hebben de filmsterren van vroeger vervangen. Dat heeft alles te maken met het commerciële leven van vandaag de dag en hoe dingen aan mensen verkocht worden. Ik denk dat producten heel vaak verkocht worden op basis van sexappeal. Ikzelf ben er ook niet ongevoelig voor, maar het maakt me wel bewust van waar ik wel en niet van hou. We zijn zo gewend geraakt om dingen op hun uiterlijke verschijning te beoordelen dat ik me afvraag of er geen andere manieren zijn om de wereld te begrijpen.

Wat maakt jouw benadering van mode dan anders?

Ik probeer kleding te ontwerpen die vrouwen in staat stelt hun rol in de samenleving te veranderen, die andere definities van sexy suggereert dan een decolleté of naaldhakken. Een lichaam kan ook sensueel worden door een stiksel in een naad of door de valling van een stof. Ik zie de vrouw niet graag onderdrukt. Ik heb dat in mijn leven echt meegemaakt. Daar waar ik vandaan kom heb ik echt

so used to judging things by their outward appearances that I start to wonder whether there aren't other ways of understanding the world.

How is your approach to fashion distinct from other that of other people?

I try to make clothes that enable women to reshape their role in society, that suggest other definitions of sexy than a decolleté or stiletto heels. A body can also be sensual through the stitching used in a seam or the drape of the material. I don't like to see women oppressed. I've experienced that in my own life. I really felt that women were considered second-class citizens where I came from. My most important aim in designing clothes is to bolster women's self esteem. She should feel stronger as a result of the clothing she wears. I want women to emanate power, even in the most feminine situations. I'm also interested in things that don't really suit people. A feminine woman who wears something unfeminine. That sort of contrast.

You are primarily a conceptual designer. Does the design come first or is it about the body of the woman who will wear the clothes?

It's true that my work is initially always based on a concept and that in the final instance I use the body as model. I have to say that the concept is never arbitrary, it really needs to grab me or move me. Like in *Afterwords a/w 2000*, in which I presented a portable home (see fig.). The division of Cyprus into Greek and Turkish areas is something I have experienced. What do you take with you when you have to abandon hearth and home? That's a question I've often asked myself - and my mother too. After that I rationalise the idea and investigate what form it should take. The idea is no longer recogniseable in the clothes that eventually emerge from it: they are straightforward, wearable garments.

gevoeld dat vrouwen als tweederangsbur-
gers worden beschouwd. Mijn belangrijkste
doel bij het ontwerpen van kleding is het
zelfvertrouwen van de vrouw te versterken. Ze moet zich sterker voelen door de
kleding die ze draagt. Ik wil dat een
vrouw kracht uitstraalt, zelfs in de
meest vrouwelijke situaties. Ik ben ook
geïnteresseerd in dingen die niet helemaal bij iemand passen. Een vrouwelijke
vrouw die iets onvrouwelijks draagt. Dat
type contrasten.

Je bent vooral een conceptuele ontwerper.
Staat het ontwerp voorop of gaat het toch
om de vrouw die de kleren moet dragen?

Mijn werk is inderdaad altijd aller-
eerst gebaseerd op een idee en uiteindelijk gebruik ik het lichaam als model.
Het gaat me trouwens nooit om zomaar een
concept, iets moet me echt bezighouden of
ontroeren. Zoiets als bijvoorbeeld
Afterwords n/w 2000, waarin ik een portable
home laat zien (zie afbeelding). De
splitsing van Cyprus in een Turks en
Grieks deel heb ik zelf meegemaakt. Wat
neem je mee als je huis en haard moet
verlaten? Die vraag heb ik mezelf en ook
mijn moeder vaak gesteld. Daarna rationa-
liseer ik zoiets en onderzoek ik welke
vorm het moet krijgen. In de kleren die
er uiteindelijk uit voortkomen is het
idee niet meer herkenbaar: het zijn gewone draagbare kleren. De museale wereld,
de installaties heb ik nodig om mijn
ideeën zichtbaar te maken. Voor de kleren
ben ik streng, die moeten gewoon functioneel zijn. Ik geloof nog altijd in het
modernisme; iets is modern als het func-

The aura of the museum, the installations, I need these in order to
render my ideas visible. As far as
the clothes are concerned, I'm very
strict, they should just be functional. I still believe in modernism;
something is modern if it is functional. A design simply becomes
better if you pare it down and
free it from the superfluous.

Even so, it is often said that you
make intellectual fashion.

I'm always disappointed to hear
that. The construction of my clothes is always complicated with all
kinds of seams and lines but the
silhouette itself is always clear-
cut. In *Ambimorphous*, for example,
I took Turkish costume and transla-
ted it into modern skirts and jackets by executing them in black
according to the same play of lines
seen in the traditional dress. That
resulted in very complicated patterns, but clear silhouettes. In my
latest collection too, s/s 2003,
I've used layers of knitting in which
I've cut circles. The pattern is
fiendishly complicated, but the
dresses are very simple and wearable.

You once contemplated becoming an
architect but you finally became a
fashion designer.

To be honest, I don't really
see much difference between architecture, design and fashion.
Everything that humans design is
related to the human body. We can
never escape that. Personally I
like to design directly on the
body, but it intrigues me that if
somebody builds something - a house
or a machine - it is unconsciously
influenced by the structure of the
body. *Echoform a/w 1999* was inspired by cars. If you look inside a
car it's like a negative body. I
then projected that negative image
back onto the body in order to see
what happened. In the
Aeroplanedress s/s 1999 collection
I worked with materials from, and
the exterior and interior forms of
aircraft to make clothes.

tioneel is. Een ontwerp wordt gewoon
beter als je het bijschaaft en van het
overbodige ontdoet.

Toch wordt er weleens beweerd dat je
intellectuele mode maakt?

Dat vind ik altijd teleurstellend om
te horen. Mijn kleren worden op een ingewikkelde manier in elkaar gezet met
allerlei naden en lijnen, maar het silhouet zelf blijft helder. In *Ambimorphous*
bijvoorbeeld transformeerde ik Turkse
klederdracht tot moderne jurken en jassen
door ze in zwart uit te voeren volgens
hetzelfde lijnenspel als de klederdracht.
Dat levert zeer ingewikkelde patronen op,
maar heldere silhouetten. Ook in mijn
laatste collectie s/s 2003 werk ik met
lagen tricot waarin open cirkels zijn
geknipt. Het patroon is uiterst ingewik-
keld, maar de jurken zien er simpel en
draagbaar uit.

Je liep ooit eens met de gedachte rond om
architect te worden, maar je werd uiteindelijk modeontwerper.

Eerlijk gezegd zie ik niet zoveel
verschil tussen architectuur, design en
mode. Alles wat een mens ontwerpt
verhoudt zich tot het menselijk lichaam.
Daar ontsnappen we niet aan. Ikzelf hou
er meer van om direct op een lichaam te
ontwerpen, maar het intrigeert me dat
als mensen iets bouwen - een huis of een
machine - daar onbewust altijd de
structuur van een lichaam in terugkomt.
Echoform a/w 1999 inspireerde ik op auto's.
Als je naar de binnenkant van de auto
kijkt dan is dat als het ware een nega-

What role did the notion of the
woman play in these collections?

My very first collections - the
buried dresses of 1993, for example
- were actually very feminine,
romantic and with a lighter touch
than they were to have for some
time subsequently. At the time
I was interested primarily in the
symbolism. With *Echoform* and
Aeroplanedress the fascination with
technology that gripped me for a
time was reflected in clothes that
were less feminine and romantic.
Now I'm in a phase where I combine
both directions. I like research
and exploring things and I hope
that new ideas will continue to
flow from that.

How do you see the woman of 2013?

My ambition is to create clothes
that have a lasting appeal, or even
an increasing one as they become
more familiar to you. Ultimately I
also think it's important that
women wear my clothes because they
find them comfortable and attractive. The intimate space between my
clothes and their bodies should be
a source of pleasure. That's my
ambition, also for 2013.

JOSÉ TEUNISSEN

70   tief lichaam. Dat negatieve beeld heb ik opnieuw op het lichaam geprojecteerd om te zien wat er ontstond. In de collectie *Aeroplanedress s/s 1999* werkte ik met materialen en de buiten- en binnenvormen van vliegtuigen om kleding te maken.

Wat voor rol speelde de vrouw in die collecties?

Mijn allereerste collecties - bijvoorbeeld de begraven jurken uit 1993 - waren eigenlijk heel vrouwelijk, romantisch en lichter dan ze daarna een tijdlang waren. Het was toen vooral symboliek die me interesseerde. Met *Echoform* en *Aeroplanedress* was ik een tijdlang gegrepen door technologie en waren mijn kleren minder vrouwelijk en romantisch. Nu ben ik in een fase beland waarin ik beide richtingen combineer. Ik hou van onderzoek, dingen verkennen en hoop dat daaruit steeds nieuwe ideeën blijven voortvloeien.

Hoe zie je de vrouw in 2013?

Mijn ambitie is om kleren te maken die een blijvende aantrekkingskracht hebben en nog aantrekkelijker worden naarmate je als drager vertrouwder met ze bent geworden. Uiteindelijk vind ik het ook belangrijk dat vrouwen mijn kleren dragen omdat ze ze prettig vinden zitten. De intieme ruimte die tussen mijn kleren en hun lichaam ontstaat moet hen plezier verschaffen. Daar streef ik naar, ook voor 2013.

JOSÉ TEUNISSEN

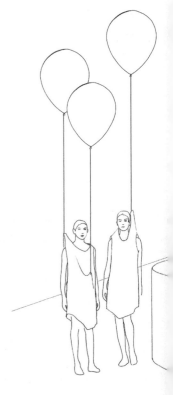

72

76

78

Eigenlijk ontwerpt Ann Demeulemeester
voor vrouwen zoals zijzelf.
Onafhankelijk. Sterk. Kwetsbaar.
Intuïtief. Onderzoekend. Al zal de
Belgische ontwerpster dat zelf niet zeggen. Ze mag dan uitsluitend haar eigen
creaties dragen en met dat wat ze in haar
garderobe mist voor zichzelf maken, ze
ontwerpt niet voor een bepaalde vrouw
zegt ze herhaaldelijk in interviews. Ze
ontwerpt kleding. Punt.
Het is haar handschrift dat vrouwen op de
een of andere manier transformeert tot
sterke, moderne persoonlijkheden. En dat
handschrift is niet in één woord samen te
vatten, het is modern en vrouwelijk zonder vulgair te zijn, het is mannelijk en
vrouwelijk tegelijk, het is provocerend
maar niet shockerend, het is emotie in
stof.
Ann Demeulemeester (1959) heeft in vijf-
tien jaar haar modebedrijf opgebouwd. Ze
is een van de weinige internationaal ope-
rerende ontwerpers die volledig onafhankelijk zijn. Haar bedrijf is een goed
geoliede organisatie met 250 verkooppun-
ten over de hele wereld. Op het hoofdkantoor in Antwerpen werken 45 mensen:
directie, management, boekhouding, klan-
tenservice, logistiek, productiecontrole,
stoffencontrole, patronage. De artistieke
leiding ligt bij twee mensen: Anns echtgenoot Patrick Robyn en Ann zelf. Sinds
1987 maakt ze twee collecties per jaar,
voor mannen en vrouwen, aangevuld met
schoenen en accessoires.
Ze gaat altijd gekleed in het zwart, volgens haar de meest poëtische en sterke
kleur die er is. Ondanks dat ze geen ide-

If the truth be told, Ann
Demeulemeester designs clothes for
women like herself. Independent.
Strong. Vulnerable. Intuitive.
Inquisitive. Even though the
Belgian designer won't admit as
much. She may well wear only her
own creations and make the pieces
that are missing from her own
wardrobe, but in interviews she's
adamant that she does not design
for any one particular woman. She
designs clothes. Period.
It is her signature that in one
way or another transforms women
into strong modern personalities.
And that signature resists easy
summary, it is modern and feminine
without being vulgar, it is simultaneously masculine and feminine,
it is provocative but not shocking,
it is emotion made material.

Ann Demeulemeester (1959) has built
up her fashion business over fifteen
years. She is one of the few
internationally active designers
who are wholly independent. Her
company is a well-oiled organisation
with 250 outlets across the whole
world. The head office in Antwerp
employs a staff of 45: directors,
management, accountants, customer
service, logistics, production control, fabric control and pattern
making personnel. The artistic
direction is in the hands of Ann's
husband, Patrick Robyn, and Ann
herself. Since 1987 she has been
producing two collections a year,
for men and women, supplemented
with shoes and accessories.
As always, she is dressed in black,
the most poetic and strongest of
all the colours, she says. Despite
the fact she has no idealised image
of woman, women, or rather, people,
do intrigue her. She emphatically
refuses to talk about women as a
separate group; that is stupid, she

aalbeeld van een vrouw heeft, intrigeren vrouwen - of beter gezegd mensen - haar wel. Ze praat uitdrukkelijk niet over vrouwen als aparte groep, dat vindt ze maar stom. Mannen maken net zo goed deel uit van haar wereld, de wereld. 'Wat mij kan intrigeren bij mensen zijn de dingen die vragen oproepen, die niet helemaal duidelijk zijn. Dat kan een houding zijn, een manier van spreken of bewegen. Een soort onderhuidse kracht, waardoor ik meteen denk 'hem of haar wil ik wel beter leren kennen'. Het is niet zo dat deze mensen inspireren tijdens het ontwerpen. Ik wil dat uit mezelf halen, mijn eigen gevoel vertalen naar iets tastbaars.' Dat een vrouw als Patti Smith regelmatig in haar collectie terugkeert (Demeulemeester gebruikt soms teksten van Smith als deco-ratie), wil niet zeggen dat zij een muze voor de ontwerpster is. 'Ze is een hele goede vriendin en we hebben een inspire-rende uitwerking op elkaar. Ze maakt deel uit van mijn ding, net als de muziek waar ik naar luister, en dus vind je elementen van haar soms terug in mijn collecties.' Elke nieuwe collectie van Ann Demeulemeester begint met een gevoel, een sfeer. Vandaaruit zoekt ze naar beelden, vormen, creaties. 'Een collectie maken is als een puzzel, op een gegeven moment valt het allemaal in elkaar.' Ze maakt geen kle-ding voor aan de muur, maar om te dragen. Draagbaarheid is haar belangrijkste aan-dachtspunt. Daarom past Demeulemeester elk ontwerp van te voren zelf door en als het niet is wat ze zich ervan had voorge-steld, als het fout aanvoelt, dan gooit ze het resoluut weg. 'Ik maak geen opval-

says. Men are just as important in her world, the world. 'What interests me in people are the things which raise questions, the things which aren't entirely clear. That could be an attitude, a manner of speaking or moving. A sort of subdued force, which immediately makes me think, I want to get to know him or her better. It's not that these people inspire me in my work. I want to draw that inspiration from myself, to translate my own feelings into something tangible.' That a woman like Patti Smith regularly figures in her collections - Demeulemeester sometimes uses texts by Smith as decoration - doesn't mean that she is a muse for the designer. 'She is a very good friend and we inspire each other. She is a part of my 'thing', just like the music I listen to, and so you sometimes see her influence reflected in my collections.' Every new Ann Demeulemeester collection begins with a feeling, an atmosphere. From there she begins to look for images, forms, creations. 'Making a collection is a puzzle, at a certain point it all comes together.' She doesn't make clothes for display, but to be worn. Wearability is her most important consideration. Consequently, Demeulemeester tries on every design beforehand and if it isn't exactly what she wanted, if it doesn't feel right, she resolutely discards it. 'I don't make exuberant, loud clothes. One would rather describe them as introvert. The person who puts it on has to discover it for themselves. He or she brings my clothes to life. I always try to cut a certain movement into my clothes, by thinking about how an item of clothing fits on your body. For example, how a

lende, exhuberante kleding, je kunt het eerder introvert noemen. De persoon die het aantrekt moet het zelf ontdekken. Hij of zij brengt mijn kleding tot leven. Ik probeer altijd een zekere beweging in mijn kleding te knippen, door na te denken over hoe een kledingstuk om je lijf valt. Hoe bijvoorbeeld een T-shirt van je schouder afglijdt en dat dan te vertalen naar een kledingstuk. Zo speel ik op mijn manier met sensualiteit en erogene zones, zonder overigens vulgair te worden.' Vrouwen zijn bij haar geen barbiepoppen, daarvoor is haar stijl te modern. Sensuele kledingstukken ontstaan op een nieuwe manier, zoals de rok die vanaf de knie overgaat in een smalle broek, uit haar voorjaarscollectie 2003. 'Ik wilde een nauwsluitende, sexy rok combineren met een broek waardoor een minder conventioneel, vanzelfsprekend beeld zou ontstaan.' Demeulemeester gelooft ook niet dat mannen en vrouwen één of twee erogene zones hebben. Ze vindt het sexier om iets te laten zien dat net naast de borst of de heup ligt. Bovendien interesseert het haar niet echt. Een vrouwenborst is voor haar hetzelfde als een arm of een hand, je kunt het niet los zien van het lichaam. Accenten ontstaan vaak toevallig. Als de ontwerpster haar idee van beweging eenmaal in een kledingstuk heeft verwerkt, kan het zijn dat een deel van het lichaam onbedekt blijft waardoor iets nieuws gebeurt. Dat maakt het juist interessanter voor haar.

Met de steeds terugkerende linten en riempjes probeert Ann Demeulemeester de valling van de stof onder controle te

T-shirt slips off your shoulder, and then I try to translate that into a garment. In this way, I play with sensuality and erogenous zones, without becoming vulgar.' She doesn't make women into Barbie dolls, her style is too modern for that. Sensual items are sometimes created by novel means, such as the skirt from her spring 2003 collection which metamorphoses above the knee into a slim-fitting pair of trousers. 'I wanted to combine a tight-fitting, sexy, skirt with a pair of trousers to create a less conventional, self-evident image.' Nor does Demeulemeester believe that men and women have just one or two erogenous zones. She finds it sexier to reveal an area adjacent to breast or hip. Moreover, it doesn't really interest her. In her eyes, a woman's breast is the same as an arm or a hand, it is just part of the body. Emphases are often created by coincidence. When the designer has incorporated her idea of movement into a garment it can result in a part of the body being uncovered which starts something new. It is just this sort of occurrence that makes things more interesting for her.

With her recurrent use of ribbon ties and straps, Ann Demeulemeester tries to control the fall of the fabric while at the same time giving the wearer of one of her designs a choice of whether to wear it hugging the body or more loosely draped. She isn't concerned about how a woman chooses to wear one of her creations. She respects people too much to judge them. 'If a woman wears something in a particular fashion she will have a reason for doing so and in the main, I can understand that reason,' she is quoted as saying in a book entitled *Belgian Fashion Design*. 'My ideas

krijgen en tegelijkertijd kan degene die haar kleding draagt het naar keuze dicht op het lijf dragen of juist losser. Hoe een vrouw haar creaties uiteindelijk draagt, maakt haar niet uit. Ze respecteert mensen teveel om er een oordeel over te hebben. 'Als een vrouw iets op haar manier draagt, zal ze daar wel een reden voor hebben en meestal begrijp ik wel waarom', zegt ze in het boek *Belgian Fashion Design*. 'Mijn ideeën over wat mooi is, kunnen verschillen met die van andere vrouwen, dus wie ben ik om te oordelen? Als iemand er blij mee is op haar manier, vind ik het prima. Het leukste is wanneer mensen naar je toekomen en zeggen: dank je wel, ik ben er zo blij mee, het is een onderdeel van mijn leven geworden. Dan heb ik echt iets toegevoegd aan het leven van die persoon.'
Ze probeert vooral eerlijk te werken en laat haar gevoel de weg wijzen. 'Ik keer mijzelf bij elke collectie weer binnenste buiten en leg mijn ziel in elk stuk. Ik wil dat mijn kleding het leven mooier maakt, dat het iets betekent voor iemand. En omdat het van zo diep komt, kan iets dat ik heb ontworpen me nog steeds verwonderen. Dat gevoel als ik iets net heb uitgevonden, dat is onbeschrijfelijk. Ik beschouw elke collectie als een schakel in het leerproces. Ontwerpen is als het ware een evolutie. Ik zou niet meer terugwillen naar het begin.' Kritiek op haar collecties bekijkt ze nuchter. 'Ik probeer me niet te laten kwetsen, blijkbaar ben ik niet duidelijk genoeg geweest. Het sterkt mij juist vaak om door te gaan. Goede kritiek kan ook iets losma-

about what is beautiful are different from those of other women, so who am I to judge? If somebody is happy with it in her own fashion, then that's fine by me. The best part is when people come up to you and say 'thank you, I'm so happy with it, it's become a part of my life'. Then I've really added something to that person's life.' Above all she tries to work honestly and lets her feelings be her guide. 'With every collection I turn myself inside out and bare my soul. I want my clothes to make life more beautiful, to mean something to someone. And because it comes from so deep within, I can still be amazed at something I've designed. The feeling I get when I've just discovered something is indescribable. I consider every collection a link in the learning process. Design is like an evolution, as it were. I wouldn't want to return to the beginning.' She is down to earth in taking on criticism of her collections. 'I try to not let it hurt me, apparently I haven't been clear enough. Often it actually strengthens my resolve to carry on. Good criticism can also be inspirational. What's more it's my vision that attracts different kinds of women. That's very contemporary. There is no such thing as a single fashion, rather there are different visions.'
Ann Demeulemeester designs for women and men. She presents both collections together in one show. 'Why should I separate them? It wouldn't be complete if I were only to present women, men belong there too.' And because she doesn't like to put people in pigeon-holes, she also mixes elements from the typical men's and women's wardrobe. As a consequence some regard her style as androgynous, but she doesn't

ken. Daarnaast is het ook zo dat het mijn visie is, waar verschillende vrouwen op aansluiten. Dat is iets van deze tijd. Er is niet zoiets als één soort mode, er zijn verschillende visies.'

Ann Demeulemeester ontwerpt voor vrouwen én mannen. Ze presenteert de collecties tegelijk, in één show. 'Waarom zou ik dat apart doen? Het is niet compleet als ik alleen maar vrouwen laat zien, er hóren mannen bij.' En omdat ze niet graag in hokjes denkt, mixt ze ook elementen uit de typische mannen- en vrouwengarderobe met elkaar. Sommigen betitelen haar stijl dan ook wel als androgyn, maar daar denkt ze zelf anders over. Het is niet haar bedoeling vrouwen mannelijk te maken, maar ze vindt wel dat vrouwen mannelijke elementen hebben en dus gebruikt ze die elementen in haar vrouwencollecties.

'Degene die denkt dat mijn kleding androgyn is, denkt nog steeds dat vrouwen er als een Barbie uit moeten zien. Dat is nu juist het probleem, die vastgeroeste opvattingen over wat vrouwelijk is. Mij inspireert juist het idee van een balans tussen mannen en vrouwen. Een spanning die gecreëerd wordt door mannelijke en vrouwelijke elementen met elkaar te confronteren, zelfs in één silhouet. Het niet-evidente is wat mij het meest fascineert.' Maar desondanks zijn er wel verschillen, in maten en verhoudingen. 'Niets is uitwisselbaar. Daarvoor zijn de lichamen en sensualiteiten te verschillend.' Ook bij haar mannencollectie probeert ze beweging in de kleding te knippen, maar de nadruk ligt meer op een houding. Soms is het effect bijvoorbeeld een beetje

agree. It is not her aim to make women masculine, but she believes that women have masculine elements and so she uses those elements in her women's collections. 'Those who think that my clothes are androgynous also still believe that women should look like Barbie dolls. That's precisely the problem, the deep-rooted assumptions about what is feminine. I'm more inspired by the idea of a balance between men and women. A tension created by the confrontation of masculine and feminine elements, even in a single silhouette. It is the unobvious that most fascinates me.' But nevertheless, there are differences, in sizes and proportions. 'Nothing is interchangeable: the bodies and sensualities are just too different'.

In her men's collection, too, she tries to cut a sense of movement into the clothes, but in the final analysis the emphasis lies more with an attitude. Sometimes the effect may be a little boyish, or gawkish. The man who's wearing it need do little, it's already in the clothes. 'I've noticed that men and woman approach clothing differently. Men are far more honest and direct, something suits them or it doesn't. Women tend to play more of a game with clothes, they like to change their style now and then or introduce striking accents. Men also like to play, but they are far more subtle about it.'

Jetty Ferwerda

jongensachtig, slungelig. Daar hoeft de
man die het draagt weinig voor te doen,
het zit al in de kleding. 'Het valt me op
dat mannen en vrouwen kleding verschillend benaderen. Mannen zijn veel eerlij-
ker en directer, iets staat of niet.
Vrouwen spelen meer een spel met kleren,
vinden het leuk nu en dan van stijl te
veranderen of opvallende accenten te leggen. Mannen spelen ook wel, maar doen dat
veel subtieler.'

JETTY FERWERDA

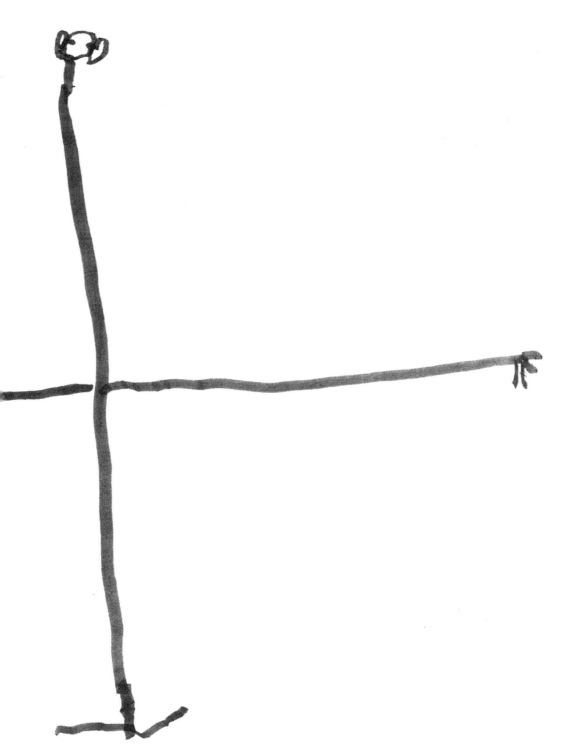

N DEMEULEMEESTER WOMAN BY ANN DEMEULEMEESTER - S/S 2008 - WOMAN BY ANN DEMEULEMEESTER WOMAN BY ANN DEMEULEMEESTER WOMAN

92

Op de vraag wat haar definitie van vrou-
welijkheid is weet Veronique Leroy (1965)
in eerste instantie geen antwoord te
geven. Ze staart langdurig in de verte,
bijt op haar nagels en zegt na een tijdje
dat ze er over na wil denken. Drie dagen
later komt het verlossende antwoord.
'Vrouwelijkheid is mijn oudste preoccupatie, mijn nieuwste preoccupatie, mijn
moeilijkste preoccupatie. Het is mijn
eeuwigdurende preoccupatie.'

Leroy's werk bestaat bij de gratie van
het alsmaar zoeken naar wat vrouwelijkheid is. Ze stelt het namelijk in elke
collectie weer ter discussie. Is het de
pin up met haar golvende blonde krullen,
glanzende huid en opgepompte borsten? Is
het de *femme fatale* met haar bontjas,
stilettohakken, netkousen en decolleté?
Is het de *cow-girl* met de te strakke
blouse, te korte rok, witte laarsjes en
kitscherige pailletjes? Misschien wel de
beach-babe met haar te kleine bikini,
teenringen en lakpumps. Of is het de diva
met haar strakke maatpakken, boa's en
veeleisende karakter? Ze kunnen het allemaal zijn en clichématige fragmenten van
hen keren regelmatig terug in het werk
van Leroy. Haar vertaling van die vaak
ordinaire en goedkope clichés is verre
van lieftallig en poëtisch, maar eerder
hard en agressief. Ze zet vrouwen neer
met ballen, vrouwen die je niet kunt
negeren. Ze zien er verleidelijk en sexy
uit, maar dan op een heel zelfverzekerde
en vanzelfsprekende manier.
Na haar modeopleiding aan een kleine pri-
véschool in Parijs - Studio Berçot - liep

When asked for her definition of
femininity, Veronique Leroy (1965)
is at first unable to give an answer. For a long time she gazes
into the distance, bites her nails
and then, after a while, she says
she will have to think about it.
Three days later comes the answer.
'Femininity is my oldest preoccupation, my latest preoccupation, my
most obstinate preoccupation. It is
my eternal preoccupation.'
Leroy's work is, so to speak, born
out of the quest for the feminine.
The issue of what constitutes
femininity is raised for debate in
each of her collections. Is it the
pin up with her waves of blonde
curls, glossy skin and pneumatic
breasts? Is it the femme fatale
with her fur coat, stiletto heels,
net stockings and decolleté? Is it
the cowgirl in the over-tight blouse, the too-short skirt, white
boots and kitschy spangles? Perhaps
it's the beach-babe with her itsy-
bitsy bikini, toe rings and patent-
leather pumps. Or is it the diva
with her sharply tailored suit,
feather boa and demanding personality? It could be any one of these
and fragments of these clichés
recur regularly in Leroy's work.
Her interpretation of these often
vulgar and cheap clichés is neither
tender nor poetic, but hard and
aggressive. She offers up an image
of women with balls, women you
can't ignore. Their appearance may
be seductive and sexy but they also
ooze self-assurance and self-confi-
dence.
After training at studio Berçot, a
small private fashion school in
Paris, Leroy served an apprentices-
hip with Azzedine Alaïa and Martine
Sitbon. From Alaïa she learned how
to make clothes out of lycra and
other synthetic materials which hug
the body like a second skin. At
Sitbon she above all learned how to
zoom in on the rock-chick market,
for it was already clear that her
style of bad taste and sexy clichés
would appeal to a certain kind of
woman. In the early Nineties - she
started her own label in 1991 -
she was once described as the

97

ze stage bij Azzedine Alaïa en Martine Sitbon. Bij de eerste leerde ze hoe ze van lycra en andere synthetische materialen kleding kon maken die het lichaam als een tweede huid omhulde. Bij Sitbon leerde ze vooral hoe ze zich kon richten op de rock-chickmarkt, want dat haar stijl van slechte smaak en sexy cliché's bij sommige type vrouwen in de smaak zou vallen, stond vast. Begin jaren negentig - ze startte haar eigen label in 1991 - werd ze ooit omschreven als de ongeslagen, heersende koningin van de Parijse *sexy-tacky* scene. Haar nauwaansluitende broekpakken, sexy avondjurken in armzalige stoffen en Barbarellabikini's waren een hit in die periode, zeker na de jaren waarin de Japanse modeontwerpers met hun wijde lichaamomhullende kleren de mode domineerden. Leroy gaf vrouwen hun verleidelijkheid terug, al wisten sommigen er in eerste instantie niet goed raad mee. Je als geëmancipeerde vrouw sexy kleden was toch eigenlijk *not done*. Maar een grote groep jonge vrouwen, die emancipatie vanzelfsprekend vond maar het vrouw zijn en alle bijbehorene rondingen niet wilde verbergen, voelde zich aangesproken door de wat provocerende stijl. Bovendien vond ze aansluiting bij andere creatieve vrouwen, zoals de Nederlandse fotografe Inez van Lamsweerde, die net als zij het heersende vrouwbeeld op een ironische, soms zelfs satirische manier benaderden.

Niets van het provocerende en pseudo-vulgaire is bij Veronique Leroy zelf terug te vinden. Ze is onopvallend gekleed in oudroze ribbroek, V-hals trui met T-shirt

undisputed queen of the Parisian sexy-tacky scene. Her tight-fitting trouser suits, sexy evening dresses in skimpy fabrics and Barbarella-bikinis were all the rage at that time, coming as they did after years of fashion domination by Japanese designers with their wide body-enfolding clothes. Leroy gave women back their seductiveness, even if at first some of them didn't know what to do with it. Surely sexy clothing was just 'not done' for the emancipated woman? But a large group of young women who took their emancipation for granted but had no desire to mask their femininity and all its attributes related strongly to this provocative style. What's more, she found an affinity with other creative women such as the Dutch photographer, Inez van Lamsweerde, who, like her, approached the prevailing feminine image from an ironic and sometimes satirical, perspective.

There is nothing of the provocative or pseudo-tacky about Veronique Leroy herself. She is unremarkably dressed in old-pink corduroy trousers, a V-neck sweater with T-shirt and Birckenstock sandals. 'Today is an off-day, then I dress like this. But on other days I tart myself up and put on nice clothes. You were just unlucky.'

Veronique Leroy has never wanted to do anything else with her life. She was born a designer, she says. 'I've been making clothes for as long as I can remember, for my dolls, for the dog. I didn't know what fashion was, but before I went to bed each night I would choose my clothes for the following day. And sometimes I'd wear shoes that were too big for me, because I thought they were so beautiful that if they didn't have my size I'd buy them in a size bigger. My life would be nothing without clothes, I'd feel impoverished. I simply love making things, feeling materials, seeing colours, inventing constructions. Whatever I do, whatever I think about and whatever happens to me, automatically becomes part

en Birckenstock-slippers. 'Vandaag heb ik een off-day, dan kleed ik me zo. Maar er zijn ook dagen bij dat ik me helemaal optut en mooi aankleed. Je treft het niet.'

Veronique Leroy heeft in haar leven nooit iets anders willen doen. Ze is als ontwerpster geboren, zegt ze. 'Ik maakte zo lang ik me kan herinneren al kleding, voor mijn poppen, voor de hond. Ik wist nog niet wat mode was, maar koos elke avond voor het slapen gaan mijn kleren voor de volgende dag uit. En soms droeg ik te grote schoenen, dan vond ik zo zo mooi dat ik ze gewoon een maat groter kocht als ze niet in mijn eigen maat verkrijgbaar waren. Zonder kleren is mijn leven niets, voel ik me arm. Ik vind het nu eenmaal heerlijk om dingen te maken, stoffen te voelen, kleuren te zien, constructies te bedenken. Alles wat ik doe, waar ik aan denk en wat ik tegenkom, betrek ik automatisch op mijn werk. Het voedt mij en maakt het werk beter. Mijn hele leven staat in dienst van creëren.' Ze is er van overtuigd dat kleding een grote rol kan spelen in iemand's leven. Ze heeft het zelfs over vriendschap. 'Kleding heeft magische kanten. Je past een colbertje aan en je voelt je meteen anders, zekerder, sexier of juist stoerder, je houding verandert, je manier van zijn en in de spiegel zie je een kant van jezelf die je nog niet eerder zag. Dat is geniaal. En het mooiste is: anderen zien het ook aan je.' Ze denkt dat die subtiele relatie met een kledingstuk vooral voor vrouwen geldt, omdat zij meer kunnen spelen met volume en proporties. Mannen

of my work. It feeds me and makes my work better. Creation is my whole life.'

She is absolutely convinced that clothes can play a major role in people's lives. She even talks about it in terms of friendship. 'Clothes have a magical aspect. You try on a jacket and you immediately feel different, more assured, sexier, or just more powerful, your posture alters, your whole manner, and in the mirror you see a side of yourself that you have never seen before. That is inspirational. And the best thing is, other people also see it in you.' She thinks that this subtle relationship with one's clothes holds true mainly for women as they have greater opportunity to play with volume and proportion. It is less important for men, she believes, because men's wear doesn't change so quickly. On the street she knows immediately when a woman is wearing something by her. 'I don't know how to explain it, but it's mainly the way they move that helps me recognise them. That's my trick, I know my clothes so well that I know how you feel in them. The women have the same bearing as me in those clothes and they deport themselves like me. Quite often they also look a bit like me, they have the same hair, for example.' Leroy-women are typically aged between 25 and 55. It's not only the so-called 'fashion victims' who go for Leroy's sometimes provocative work. 'They are often women with strong characters. Not timid, a bit mad and often provocative in their way of thinking. But they certainly aren't eccentric or perverse, it's all very subtle.'

Is that also that sort of woman that inspires her? 'It can be, but not necessarily. Those who inspire me, intrigue me from the very first moment. All the others pass me by. Sometimes it's the tiniest details, the flare of a nostril, for example. Or something physical, a posture, an attitude, a manner. I see these people in the street, but also in films or in pictures. And

hebben het volgens haar minder, omdat mannenkleding nu eenmaal niet zo snel verandert.

Op straat pikt ze de vrouwen die iets van haar aan hebben er zo uit. 'Ik kan het niet echt verklaren, maar het is meestal hun manier van bewegen, waardoor ik het herken. Het is mijn truc, ik ken mijn kleding zo goed en weet hoe je je erin voelt. Die vrouwen hebben dezelfde houding als ik in die kleding en ze gedragen zich net zoals ik. Meestal lijken ze qua uiterlijk ook op mij, hebben ze bijvoorbeeld hetzelfde haar.' De Leroy-vrouwen zitten qua leeftijd tussen de 25 en 55 jaar. Het zijn niet alleen *fashionvictims* die vallen voor het soms wat uitdagende werk van Veronique Leroy. 'Het zijn vaak vrouwen met karakter. Niet bang, een beetje gek en ze zijn in hun manier van denken vaak provocerend. Maar ze zijn zeker niet excentriek of pervers, het is allemaal heel subtiel.'

Zijn dat ook de vrouwen die haar inspireren? 'Dat kan, maar hoeft niet. Wie mij inspireert, intrigeert mij ook vanaf het allereerste moment. Aan alle anderen ga ik zo voorbij. Het zit 'm soms in een klein detail, een neusvleugel bijvoorbeeld. Of iets fysieks, een houding, een attitude, een manier van zijn. En die mensen zie ik op straat, maar ook in films of op plaatjes. En op het moment dat ik ze nodig heb, herinner ik me die personen of die details ook.'

Hoe ze die elementen in haar werk gebruikt, is zelfs voor Veronique Leroy nog steeds een groot mysterie. 'Het gebeurt allemaal onbewust. Ik begin te when I need them, I remember them and all the details.' How she incorporates these elements into her work remains a mystery, even to her. 'It's all unconscious. I begin to draw and everything is still very vague in my head, but during the design process the picture gradually becomes clearer, acquiring a silhouette, fabrics, an attitude. And then suddenly I rediscover the images that correspond to my designs. Sometimes it's a particular type of woman, but it can also be something about a man. And the more I remember the more ideas it generates. Then it's like a drug, I could make ten collections.' For her Spring 2003 collection *Daredevil*, which featured a mix of tough rally-driver clothing and reporter's outfits she was inspired by a photograph of Jean Paul Goude wearing a pair of trousers with slightly puffed legs. For her winter 2002 collection, it was Greta Garbo, Marlène Dietrich and Lauren Bacall. Extreme women who liked to dress in men's clothing, coquettish, rebellious, and slightly over-bearing. Leroy doesn't have any real heroes or muses. 'That changes all the time because I change.' What about Inez van Lamsweerde? 'That is very personal. She is a real, true friend. She is also a courageous woman. She gives me tremendous inspiration. I am fascinated by her work and what I really like about her is that she doesn't always do things for the money. She prizes her freedom.' In Leroy's latest collections she has abandoned the sharply defined, body-hugging silhouette. Leroy: 'Yes indeed, it's all a bit looser. I'd had enough of that tight stuff, it no longer excited me. Now I'm more intrigued by volume. That's purely a personal thing, but after all, the collections are a reflection of myself. I no longer lay it on as thick as when I first began, I've grown up, I'm more mature and prefer to do things more subtly. But it's still there: if you look carefully you can see that I'm still playing with clichés.' The

tekenen en dan is alles nog heel vaag in mijn hoofd, maar gaande weg het ontwerpproces tekent zich een duidelijker plaatje af met een silhouet, materialen, een houding. En dan vind ik ineens ook de beelden terug die corresponderen met mijn ontwerpen. Soms is het een type vrouw, maar het kan ook iets van een man zijn. En hoe meer ik me herinner, hoe meer er los komt. Het is dan net een drug, dan kan ik wel tien collecties maken.' Voor haar voorjaarscollectie 2003, getiteld *Daredevil* en een mix tussen stoere rallykleding en reporteroutfits, liet ze zich bijvoorbeeld inspireren door een foto van Jean Paul Goude waarop hij een broek met licht poffende pijpen draagt. Voor haar wintercollectie 2002 waren het Greta Garbo, Marlène Dietrich en Lauren Bacall. Extreme vrouwen die graag gekleed gingen/gaan in herenkleding, koket, rebels en een beetje bazig. Echte helden of muzes heeft ze niet. 'Dat verandert eigenlijk steeds, omdat ik ook verander.' En Inez van Lamsweerde? 'Dat is erg persoonlijk. Ze is een echte, eerlijke vriendin. Een moedige vrouw ook. Ze inspireert me enorm. Ik ben gefascineerd door haar werk en wat ik zo goed van haar vind is dat ze dingen niet altijd doet om het geld. Ze hecht aan haar vrijheid.'
Het silhouet van Leroy's laatste collecties is niet langer meer strak en lichaamsvolgend. Leroy: 'Het is inderdaad allemaal wat losser. Ik had een beetje genoeg van dat strakke, het windt me niet meer op. Wat mij nu intrigeert is volume. Dat ligt puur aan mezelf hoor, maar de collecties zijn nu eenmaal een weer-

women in the look-book photographs for the spring 2003 collection all have something tough and laddish about them, but they also look like reckless, shameless street girls. Asked how one would define her style exactly, she is once again at a loss for an answer, but it arrives along with the fax formulating her definition of the feminine. 'The style of Veronique Leroy is that her clothes are put on by Veronique Leroy.'

JETTY FERWERDA

102 spiegeling van mijzelf. Ik leg het er
niet meer zo dik bovenop als toen ik
begon. Ik ben volwassener, rijper en doe
het liever op een subtiele manier. Het is
er nog steeds hoor, als je goed kijkt zie
je dat ik nog steeds speel met die clichés.' De vrouwen op de foto's van het
lookbook van de voorjaarscollectie 2003
hebben iets stoers en jongensachtigs,
maar ook iets van roekeloze, schaamteloze
straatmeiden. Op de vraag wat haar stijl
nu precies is, moet ze het antwoord voor-
alsnog schuldig blijven, maar het arri-
veert tegelijk met de fax waarop ze haar
definitie van vrouwelijkheid formuleert.
'De stijl van Veronique Leroy is dat haar
kledingstukken worden aangekleed door
Veronique Leroy.'

JETTY FERWERDA

NDA HUNTELAAR VERONIQUE LEROY BY YOLANDA HUNTELAAR - S/S 2001 - VERONIQUE LEROY BY YOLANDA HUNTELAAR VERONIQUE LEROY BY YOLANDA

103

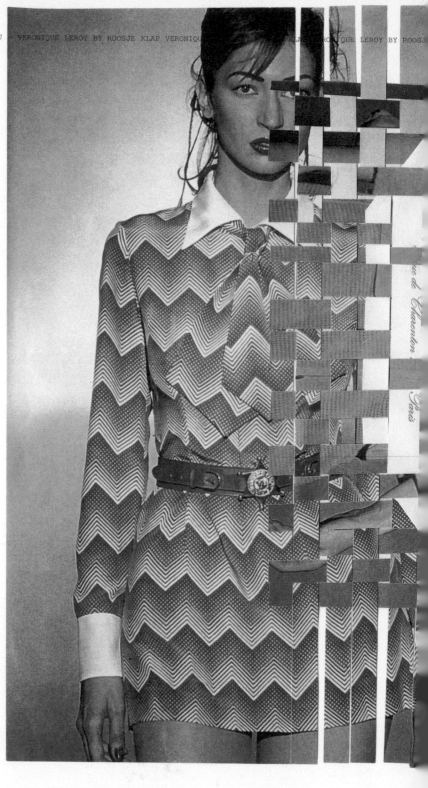

FARRAH FAWCETT:

JACLY
JACL SMIT

KATE JACKSON
KATE JACKSON:

AH FAWCETT:

De nieuwe werkplaats van Bernhard Willhelm (1972) in Parijs is een zonovergoten studio in een rustige binnentuin in het twaalfde arrondisement. De ontwerper geeft er voor de digitale videocamera van internetmodekrant disciplefilms.com een toelichting op zijn collectie voor de zomer 2003. 'Bloemen, bloemen, bloemen. Hoe meer bloemen, hoe beter,' zegt Willhelm. En inderdaad, hij heeft weer een ontzettend vrolijke dames- en herencollectie geproduceerd, met combinaties van groen satijn en zwart elastiek in één top, een knalgeel volgeborduurd mantelpak, en boodschappentassen en bodywarmers van een bloemenstof waarvan je acuut in de lach schiet. Willhelm weet kinderlijkheid en traditionele sierlijkheid ingenieus te combineren. Jaren geleden maakte hij een wollen rok met een té grappig portret van Michael Jackson erop. Hij maakt joggingpakken die mooi van lelijkheid zijn en prachtige sjaals en bomberjacks, versierd met computers, paarden en het logo van AC/DC.

Bij het ontwerpen is hij niet bang om zijn eventuele flops te tonen. Ergens op een tafel in zijn studio staan twee paar schoenen; veelkleurige halfhoge suede gympen. 'Ze zijn mislukt,' zegt hij. 'Kijk nou, dit is toch lelijk?' Waarom ze er dan toch staan, terwijl hij dagenlang klanten van chique winkels over de vloer heeft om zijn collectie in te komen kopen? 'Dan kunnen ze zelf zien dat die schoenen mislukt zijn; dat ze die dus niet hoeven te bestellen.'

Hij is absoluut geen onaantastbaar genie, vindt hij zelf. 'Ik vind het idee van de

Bernhard Willhelm's (1972) new place of work in Paris is a sun-drenched studio in a quiet courtyard garden in the twelfth arrondissement. There the designer provides a commentary on his summer 2003 collection for the digital video camera of the Internet fashion magazine disciplefilms.com. 'Flowers, flowers, flowers. The more flowers, the better,' says Willhelm. And indeed, he has once again produced an extremely cheerful collection for men and women, featuring combinations such as green satin and black elastic in a single top, a bright yellow fully-embroidered suit jacket, and shopping bags and body warmers in a floral print that cannot help but make you laugh. Willhelm is ingenious in his combination of the childlike with traditional elegance. A few years ago he made a wollen skirt bearing a hilarious portrait of Michael Jackson. He makes jogging outfits that are so ugly they are beautiful and wonderful scarves and bomber jackets decorated with computers, horses and the AC/DC logo.

He doesn't hide the flops among his designs. On a table somewhere in his studio are two pairs of shoes; multi-coloured ankle-length baseball pumps in suede. 'They didn't work out,' he says. 'Look, aren't they ugly?' So why does he leave them there when for days on end he's been receiving buyers from chic boutiques looking to buy his collection? 'Then they can see for themselves that the shoes are a flop and they needn't order them.'

He is certainly no unassailable genius, he believes. 'The idea of a fashion superstar is just finished for me,' he says at the end of the interview. 'I don't believe in it and I don't like it. I don't think fashion is at all glamorous. It really isn't glamorous to see my work in magazines, to give autographs, or to come out on the catwalk after collections and wave to the public. It just feels … strange.'

113

114

modeontwerper als superster totaal
achterhaald,' vertelt hij aan het einde
van het gesprek. 'Ik geloof er niet in,
en ik hou er niet van. Ik vind mode
totaal niet glamorous. Het voelt totaal
niet glamorous om mijn werk in tijd-
schriften terug te zien, om handtekenin-
gen uit te delen, of om na een modeshow
op te komen om naar het publiek te
zwaaien. Het voelt… raar.'

Het gesprek begint ook goed. 'Ik hoef
toch niet over mijn werk te praten?' zegt
hij. En: 'We zijn hopelijk snel uitge-
praat? Ik ontwerp slechts wat ik goed
vind voelen; dat is mijn theorie. Ik
filosofeer niet over mijn werk. Ik haat
gefilosofeer over mode; het doet me denken aan tien jaar geleden. Ik maak kleren
zoals ik ze leuk vind, en natuurlijk
interesseer ik me wel voor de reacties.
Ik bedoel, dat is het beste dat je als
ontwerper kan overkomen, dat leuke mensen
het dragen.' Hij praat afwisselend over
'ik' en 'wij', omdat hij zijn label leidt
samen met Jutta Kraus, oud-klasgenote aan
de Antwerpse Modeacademie. 'Oké, en als
ik dan íets over onze ontwerpen moet zeggen, dan is het misschien dat de Bernhard
Willhelm-vrouw geen sexy vrouw is. Ze is
jong, ze heeft humor, ze weet dingen die
ze nooit eerder gezien heeft te waarde-
ren, ze laat zich verrassen door iets van
ons dat ze bij toeval in de winkel tegen
komt.'

Ooit noemde hij in een interview Pippi
Langkous zijn heldin, en de kleedstijl
van de Zweedse Pietje Bell zie je inder-

Our interview also gets off to a
less than promising start. 'We are
not going to talk about my work
are we?' he asks, adding, 'hopefully it won't take too long? I design
only what I think feels good; that
is my theory. I never philosophise
about my work. I hate fashion philosophy; it reminds me of ten years
ago. I make clothes the way I like
them and of course I'm interested
in people's reactions. I mean, that
is the nicest you can have as a
fashion designer: that nice people
wear them.' He switches between 'I'
and 'we' because he shares his
label with Jutta Kraus, an old
classmate from the Antwerp Fashion
Academy. 'Okay, and if I have to
say something about our designs,
then perhaps it is that the
Bernhard Willhelm woman is not a
sexy woman. She is young, has lots
of humour and knows how to appreci-
ate things that she has never seen
before, she allows herself to be
surprised by something by us that
she chances upon in a shop.'

Once in an interview he named Pippi
Longstocking as his heroine and
indeed the dress sense of the
colourful Swedish scamp is apparent
in Bernhard's work. 'It was a bit
of a stupid joke to nominate
Pippi,' he now says.

But jokes are important in your
work, surely?

Well yes, in any case I'm happy if
my clothes make people happy. But
actually I think I've already said
too much in this interview.

For one-off objects and projects
for exhibitions, Willhelm regularly
calls his mother into help with the
handicraft. She crochets things
like slices of apple pie and huge
bluebottle flies as accessories,
again to cheerful effect.
Willhelm's mother is in her sixties
and still lives in German Bavaria.
'She always encouraged my creativity. As a child she herself wasn't
allowed to play music, or to go to
art school, which is what she real-

daad wel in Bernhards werk terug. 'Het
was een beetje een flauwe grap, om Pippi
te noemen,' zegt hij nu.

Grappen zijn toch belangrijk in jouw werk?
Nou ja, ik ben in ieder geval blij als
mensen blij worden van de kleren. Maar
eigenlijk vind ik dat ik in dit interview
al teveel gezegd heb.

Voor eenmalige objecten en projecten voor
tentoonstellingen roept Willhelm regelmatig de handwerkhulp van zijn moeder in:
ze haakte stukken appeltaart en grote
bromvliegen als accessoires, wederom met
dat opvrolijkende effect. Moeder Willhelm
is in de zestig en woont nog steeds in
het Duitse Beieren. 'Ze heeft mijn creativiteit altijd gestimuleerd. Zijzelf
mocht als kind geen muziek maken, ze
mocht niet naar de kunstacademie terwijl
ze dat graag had gewild. Van haar drie
kinderen was ik de enige die iets crea-
tiefs wilde gaan doen, dus dat moedigde
ze aan. En nu is het leuk als ze soms
iets voor ons maakt. We zien elkaar niet
vaak, misschien twee keer per jaar, maar
het is heel gezellig om via de post met
mijn moeder te communiceren, om een pakje
van haar te krijgen. Zeker als er zoiets
moois in zit.'

Maakt ze altijd precies wat je wilt?
Zo werk ik niet; ik laat me graag verrassen, dus ik ben per definitie geïnteresseerd in haar interpretatie van het ori-
ginele idee. Een goeie verrassing is
beter dan een perfect plan, wat mij
betreft. En wie ben ik om te bepalen of

ly wanted. I was the only one of
her three children who wanted to do
something creative, so she encouraged me. And now it's great if she
makes something for us every so
often. We don't see each other
often - perhaps twice a year - so
it's very funny to communicate with
my mother through the post, and to
get a package from her. Especially
if it contains something so nice.'

Does she always make exactly what
you want?

I never work like that. I like to
be surprised, so, by definition,
I'm interested in her interpretation of the original idea. As far
as I'm concerned, a good surprise
is better than a perfect idea. And
who am I to say whether something
is beautiful or not? I haven't the
slightest clue what is beautiful or
ugly. An open mind is much more
important than beauty, for me. A
woman can wear a garbage dress and
still look fantastic. It just
depends.

What does you mother wear?

She is a sixty year old woman from
Bavaria, so she wears something
grey, just like everybody else at
that age. But that's lovely too, a
woman in a grey flannel suit. And
when she cooks she wears a nice
apron, very cute.

Where does she buy her clothes?

I've no idea. And I can't remember
what she used to wear. I never
noticed.

So her clothes were not the reason
you went into design?

No, she encouraged my creativity,
helped me find my talent, and that's
the best a mother can do for her
child, isn't it? For years I've
been doing what I've wanted, so it
can't have been such a bad decision,
to become a fashion designer.
Have you ever had second thoughts?
Of course. Everybody hates their

iets mooi of lelijk is? Ik heb geen flauw idee wat mooi of lelijk is. Een open geest is voor mij veel belangrijker dan schoonheid. Een vrouw kan een vuilniszak dragen en er fantastisch uitzien. Het hangt er maar net van af.

Wat draagt jouw moeder?

Ze is een vrouw van in de zestig in Beieren, dus ze draagt iets grijs, zoals iedereen op die leeftijd. Dat is toch geweldig, een vrouw in een grijs flanellen pak? En bij het koken draagt ze een leuk schort, heel schattig.

Waar koopt ze haar kleren?

Ik heb geen idee. Ik kan me ook niet herinneren wat ze vroeger droeg. Ik heb er nooit bij stil gestaan.

Dus haar kleding was geen reden om te gaan ontwerpen?

Nee, ze stimuleerde mijn creativiteit, hielp me mijn talent ontdekken, en dat is het mooiste was een moeder kan doen, niet? Ik doe nu al jaren datgene wat ik gekozen heb, dus zo'n slechte beslissing was het blijkbaar niet, om modeontwerper te worden.

Heb je wel eens aan die beslissing getwijfeld?

Natuurlijk. Iedereen haat soms z'n werk. Ontwerpen is vaak vermoeiend en monotoon, met altijd die druk van een nieuwe collectie die af moet. Ik ben net van Antwerpen naar Parijs verhuisd in de hoop wat nieuwe energie te krijgen. Antwerpen is toch een soort slaapstad waar nooit iets verandert.

work sometimes. Designing can often be tiring and repetitive, with the constant pressure to finish a new collection. I've just moved from Antwerp to Paris in the hope of finding a bit of energy. Antwerp is just a sleepy nest where nothing ever changes.

How does women's clothing differ from men's?

I've no idea. I don't even know what is specifically feminine.

Do you try on all your designs yourself before they are produced?

Most of the men's clothes, yes, but I'm not skinny enough for the sample size of the women's clothes, and I am not going to diet for it. Actually, nobody needs to go on a diet to wear my clothes; I'm not fascinated by a size 32. In the end Jutta tries everything on at least once, and she always looks good in the clothes. We take all the important decisions together, so anything that really doesn't suit her tends not to go into production.

Do you design for Jutta? Is she your muse?

Well, muse, I hate that word. But in the true sense of the word, then yes, Jutta is my muse. She is quite small, I think about 1 metre 65, so that could be the reason that Japanese women like to wear my clothes. My clothes have a sort of Japanese femininity; they're not vulgar or sexy or arousing per se. But what is sexy actually? A tight dress with a split up to here? I don't call that sexy.

The editor of the Dutch edition of *ELLE* magazine recently called your clothes 'ridiculous'.

In the sense of 'to be laughed at'? I hope so, yes, I like the idea that somebody can buy expensive stuff and have a good laugh. I mean, how sad is it to just buy

Waarin verschilt dameskleding van herenkleding?
Ik heb geen idee. Ik weet niet eens wat
specifiek vrouwelijk is.

Pas jij al jouw ontwerpen een keer zelf
voordat je ze produceert?
De meeste mannenkleren wel, ja, maar ik
ben te dik voor de samplemaat voor vrouwenkleding en ik wil er niet voor op
dieet. Niemand hoeft trouwens op dieet
voor mijn kleren; ik heb geen fascinatie
voor maat 32. Uiteindelijk past Jutta
alles wel een keer aan, en het staat haar
altijd goed. We nemen alle beslissingen
samen, dus iets wat haar totaal niet
staat zal niet snel in productie komen.

Ontwerp je voor Jutta? Is zij je muze?
Ach, muze, dat vind ik zo'n verschrikke-
lijk woord. Maar in de ware zin des
woords, ja, dan is Jutta mijn muze. Ze is
niet groot, ik denk 1 meter 65, dus dat
kan de reden zijn dat Japanse vrouwen
mijn kleren ook graag dragen. Mijn kleren
hebben een Japans soort vrouwelijkheid;
ze zijn niet persé sierlijk of sexy of
geil. En wat is sexy eigenlijk? Een
strakke jurk met een split tot híér? Dat
noem ik niet sexy.

De hoofdredactrice van de Nederlandse *ELLE*
noemde jouw kleren laatst 'belachelijk'.
In de zin van 'om te lachen'? Ik hoop
het, ja! Ik hou wel van het idee dat
iemand een duur kledingstuk koopt en er
tegelijkertijd om kan lachen. Ik bedoel,
hoe humorloos is het om alleen maar te
kopen om serieus genomen te worden, om

things in order to be taken seri-
ously, just to buy a status symbol?
What a woman with my clothes says
is that she doesn't give a shit,
she is free and happy and wants to
have a good laugh.

What do you wear yourself?

My own designs or vintage clothes.
I never wear something new.
Shopping on the Waterlooplein
flea market in Amsterdam is what
I like best, I like the surprise of
finding something good. And I steal
clothes from friends; if I see
something I like, I keep it,
especially underwear.

Is fashion an endless circle of
retro, vintage and revivals?

No, I don't think so. For a couple
of years now we've been in the
sportswear era and I think that's
still developing. Sports clothing
is the most exciting thing the
Nineties gave us; much more fun
than that desperately dull mini-
malism in fashion.

Do you have trouble finding your
fabrics, those super-cheerful
materials?

No, not these days. I have fabrics
made in Belgium, India, Taiwan,
Italy... I love Italian manufacturers, they can do really special
things. For the first time in years
I've finally found manufacturers
who don't immediately say 'not possible' to every idea I have. A new
world has opened up before me - I
can make ever more absurd combinations.

Are you consciously looking for
clothes that don't yet exist? For
unique, totally new designs?

I prefer to make things that aren't
already around. But obviously in
fashion you're working in a very
little niche: in essence everything's been done already, I'm
under no illusions about that. I'm
German, you know, and Germans don't

slechts een statussymbool te kopen. Wat
een vrouw met mijn kleren zegt is dat
status haar geen reet kan schelen, dat ze
vrij en blij is en dat ze lol wil hebben.

Wat draag je zelf?
Mijn eigen ontwerpen, of vintage. Ik heb
niks met nieuw. Winkelen op het
Waterlooplein in Amsterdam is het leukst,
ik hou van de verrassing iets goeds te
vinden. En ik steel kleren van vrienden;
als ik iets moois zie, hou ik het. Vooral
ondergoed.

Is mode een eindeloze cirkel van *retro*,
vintage en *revivals*?
Nee, ik denk het niet. We zitten nu al
een paar jaar in het tijdperk van de
sportswear en volgens mij blijft daar
ontwikkeling in. Sportkleding is het
opwindendste dat de jaren negentig ons
gebracht heeft; veel leuker dan dat oer-
saaie minimalisme in mode.

Heb jij moeite met het vinden van jouw
materialen, van die superblije stoffen?
Nee, niet meer. Ik laat stoffen maken in
België, India, Taiwan, Italië... Ik hou
van Italiaanse fabrikanten, die kunnen
echt bijzondere dingen maken. Voor het
eerst in jaren heb ik producenten gevonden die niet bij elk idee dat ik heb 'kan
niet' zeggen. Er gaat een wereld voor me
open: ik kan steeds absurdere combinaties
maken.

like to make things more emotional
or exceptional than they are. We're
not Italians or South Americans.

Do Germans also lack a sense of
humour?

Absolutely not. I think Germans can
have a good laugh.

How do you think women will look
in 2013?

I've no idea, but I know that I
won't be involved with it as a
designer. I want to carry on designing for maybe another three
years and then I'll stop. It's very
important not to get too attached
to your work. And as to what I'll
do after that, I'll have to see.

Surely you could sell the Bernhard
Willhelm label for a couple of
millions and go and live on the
interest?

Oh no, it can't be worth that
much. I only know that I want to
enjoy life a bit more. I think it
would be fantastic to be unemployed,
to spend the mornings sitting on a
terrace reading the papers. Out of
work: that's my aim for the future.

GERT JONKERS

Ben je bewust op zoek naar kleren die nog
niet bestaan? Naar unieke, nieuwe ontwerpen?
Ik maak liever geen dingen die al
bestaan. Maar je werkt in mode natuurlijk
met minieme verschillen; alles bestaat in
wezen al, daar ben ik heel nuchter in. Ik
ben Duitser, hè, en Duitsers maken de
zaken niet emotioneler of specialer dan
ze zijn. We zijn geen Italianen of Zuid-
Amerikanen.

Hebben Duitsers ook minder humor?
Absoluut niet. Je kunt ontzettend lachen
met Duitsers.

Hoe ziet volgens jou de vrouw er in 2013
uit?
Geen idee, maar ik weet wel dat ik het
niet als ontwerper mee zal maken. Ik wil
hooguit nog drie jaar ontwerpen, en dan
stop ik. Het is belangrijk om niet teveel
aan het werk te hechten. Ik zie wel wat
ik daarna ga doen.

Dan kun je wellicht het merk Bernhard
Willhelm voor een paar miljoen verkopen
en gaan rentenieren?
Ach nee, zoveel is het toch niet waard?
Ik weet wel dat ik meer lol wil maken.
Het lijkt me fantastisch om werkeloos te
zijn, om ochtenden lang op een terrasje
de krant te zitten lezen. Werkeloos zijn,
dat is mijn goede voornemen voor later.

GERT JONKERS

120

123

DINNER WAS SERVED BUT ABRUPTLY DISAPPEARED. HARRY, I BET SHE NEVER KNEW ENTERTAINING COULD BE THIS MUCH FUN.

SHE JUST THE PERFECT HOSTESS...

LUDER! LIEBESKUMMER!

THE PARTY'S OVER, JIM. YOU'VE SAID YOUR GOODBYES.
BUT THE MEMORY OF THE GOOD TIMES LINGERS ON...

128

Dit jaar werken Viktor Horsting (1969) en Rolf Snoeren (1969) precies tien jaar samen. Na een vliegende start - in 1993 wonnen ze de modeprijs van Hyères - presenteerde het duo zich de eerste jaren vooral in het galerie- en museumcircuit, met installaties die de modewereld becommentarieerden. In 1998 startten Viktor & Rolf voorzichtig met halfjaarlijkse presentaties tijdens de haute couture. Twee jaar later kwam daar een volwaardige prêt-à-porter-collectie bij. Afgelopen maand presenteerden ze in Parijs hun eerste mannencollectie. Op dit moment ontwikkelen ze met L'Oréal een parfum dat in 2004 gelanceerd zal worden.

Welke rol speelt de vrouw in jullie ontwerpen? Staat het ontwerp voorop of de vrouw die de kleren moet dragen?
In ons werk draait het eigenlijk altijd eerst om het concept. We beginnen met het bedenken van een showbeeld. Dat laten we een tijd rijpen en als we er helemaal tevreden over zijn vertalen we het in kleren. Pas in dat stadium rolt er een bijpassend vrouwtype uit. Ons vrouwbeeld wisselt en verandert per seizoen, afhankelijk van het concept dat we kiezen. Dat is het leuke van mode. Je hoeft je nooit vast te leggen op een idee. Je mag elk half jaar weer iets anders bedenken.

Leg eens uit?
Onze laatste collectie v/z 2003 bijvoorbeeld is ontstaan bij het ontwikkelen van de geur die we in 2004 met L'Oréal gaan uitbrengen. Na onze wintercollectie 2002/2003 waarin we met behulp van chroma-key beelden projecteerden op de kleren

This year Viktor Horsting (1969) and Rolf Snoeren (1969) will have been working together for precisely ten years. After a flying start - in 1993 they won the Hyères fashion prize - the duo initially concentrated on presentations in the gallery and museum circuit, with installations that provided a commentary on the fashion world. In 1998, Viktor and Rolf started out carefully with twice-yearly presentations during the haute couture. Two years later a full prêt-à-porter collection was added. In Paris last month they presented their first menswear collection. They are currently developing a perfume together with L'Oréal which is due to be launched in 2004.

What is the role of the woman in your designs? Does the design come first, or the woman who will wear the clothes?
It has to be said that our work centres first and foremost on the concept. We begin by conceiving an idea for a show. We let that mature for a while and once we're completely happy with it, we translate it into clothes. It's only at that stage that an appropriate female type emerges. Our image of the feminine changes per season, depending on the concept we've chosen. That's the wonderful thing about fashion: you need never tie yourself to a single idea. Every six months you can think of something new.

Could you explain?
Our last collection, s/s 2003, for example, was born through developing the perfume that we're due to launch with L'Oréal in 2004. After our winter collection of 2002/2003, in which we projected chroma-key images on the clothes, we didn't wish to present any more all-encompassing ideas, but to put together a show that was entirely straightforward. It had to be an experience: about smell, flowers, and the transience of the fashion moment. We wanted literally to intoxicate the public with the scent of

129

wilden we geen veelomvattend idee meer laten zien, maar een show maken die zo klaar was als een klontje. Een ervaring moest het zijn: over geur, bloemen, en het tijdelijke van het modemoment. We wilden het publiek letterlijk bedwelmen met een bloemengeur en een groep vrouwen laten zien die hysterisch en uitgelaten dansen op de vulkaan. De geur van bloemen zetten we door in kleren waarin bloemvormen werden verwerkt. En zo kregen we ook langzaam een beeld van de vrouwen die we erin zagen. Vooral veel en verschillende types in een uitgelaten stemming.

Er was wel een duidelijke jaren zeventig inspiratie in te herkennen.
We hadden, op hetzelfde moment, helemaal genoeg van de rigide shows van de laatste twintig jaar. De modellen lopen altijd identiek en strak over de catwalk. Dat levert alsmaar dezelfde plaatjes en look-books op. Als je oude *Avenues* en *Vogues* uit de jaren zeventig openslaat zie je dat het veel losser en vrijer kan zijn. Toen hadden ze er nog zin in, er was ruimte voor spontaniteit. Fotografen mochten ook nog overal gaan staan. Die sfeer, zoals we in de shows van Fong Leng zagen, halen we helemaal terug. Met het dansen, het gebruik van zware make-up en het getoupeerde haar.

Jullie leggen je niet vast op een vrouwbeeld, maar er zijn toch wel dingen die je mooi en lelijk vindt.
Ik denk wel dat je in grote lijnen kunt zeggen dat we kleren ontwerpen voor de modieuze smaakvolle vrouw en niet voor de vrouw die 'over de top' sexy door het

flowers and to show a group of women dancing hysterically with gay abandon on the edge of the volcano. We carried the floral theme through into the clothes, which incorporated flower motifs. And so slowly we developed an idea of the women we saw in them. Above all many different types, all in a mood of abandon.

One could discern a clear 1970s inspiration.
At the same time we'd had more than enough of the severe shows of the last twenty years. The models always stalk over the catwalk in an identical, rigid manner. That results in a string of photos and look-books that all look the same. If you leaf through the old *Avenue* and *Vogue* magazines from the Seventies you'll see that it can all be far less structured and freer. In the Seventies they were still enthusiastic, there was still room for spontaneity. At that time, photographers could also still go and stand wherever they wanted. We've brought that atmosphere, as seen in the shows of Fong Leng, back in a big way. Through dancing, the use of heavy make-up and teased and back-combed hair.

You don't tie yourself to one image of woman, but there must be things that you find beautiful and things you find ugly?
I think that generally you can say that we design clothes for fashionable women with taste, and not for women who like to be 'over the top' sexy. In the shop it seems our clothes appeal both to young fashionable women and older women. We think that we've got that broad appeal because we don't work with a fixed image of woman and don't concentrate exclusively on a single type.

The white collection (s/s 2002) featured sweet and innocent girls while the black collection (a/w 2001/2002) presented many different images of women.
The black collection could be used

leven wil. In de winkel blijkt dat onze kleren zowel bij jonge modieuze meisjes aanslaan als bij oudere vrouwen. Dat brede bereik hebben we, denken we, juist te danken aan het feit dat we niet met een vastomlijnd vrouwbeeld werken en ons niet fixeren op een specifiek vrouwtype.

In de witte collectie (v/z 2002) stonden hele zoete en onschuldige meisjes centraal, terwijl je in de zwarte collectie (n/w 2001/2002) heel veel vrouwbeelden zag passeren.

De zwarte collectie leende zich voor het gebruik van allerlei vrouwtypes. De collectie ging over silhouetten. Wat gebeurt er als je overal een laagje roet overgooit en alleen de tweedimensionale vorm overhoudt? In die collectie hebben we bewust alle silhouetten uit de modegeschiedenis en de silhouetten die we zelf ontworpen hadden, de revue laten passeren. Doordat alle details in zwart oplosten kwam er nadruk op de vorm. Daaruit voortvloeiend zag je - de modellen hadden een zwart gezicht - in silhouet allerlei sterotypen als Jacky Kennedy, Edith Piaf, Coco Chanel langskomen. In de witte collectie die er op volgde, speelden we met het gevoel dat we goedheid de wereld in wilden sturen; gebaseerd op onze eigen positie in de modewereld en ons gevoel daarover.

Na de lancering van de zwarte collectie kwamen opeens alle lijntjes samen. Het was onze eerste prêt-à-porter-show Parijs en die kreeg een overweldigende ontvangst. Opeens waren we zelf onderdeel van de grote modewereld, die we zolang met installaties en extreme couture aan

by all sorts of female types. The collection was about silhouettes. What happens if you throw a layer of soot over everything and only keep the two-dimensional form? In that collection we expressly lined up all the silhouettes from the history of fashion and the silhouettes we designed ourselves. Because the black absorbed all the details, the emphasis was on the form. All the models wore black face and consequently you saw silhouettes of all the fashion stereotypes in review, like Jackie Kennedy, Edith Piaf and Coco Chanel.

In the white collection that came after that we played with the feeling of wanting to send goodness into the world; based on our own position in the fashion world and our feelings about that. After the launch of the black collection everything suddenly came together. It was our first prêt-à-porter collection in Paris and it gained an amazing response. Suddenly we ourselves had become part of the big fashion world on which we had so long passed comment from the sidelines with our installations and extreme couture. It's time to abandon our ambivalent stance, we thought. We are becoming part of the system. We surrendered without reserve, full of devotion and innocence. As if taking communion. When we gave form to that idea, we inevitably hit on white, the bows, and the girl taking communion. The irony is that as a consequence of September 11 (it was presented in October 2001) the whole show took on an entirely different meaning and significance in the media.

What is the power of attraction of Viktor & Rolf? Why do women wear your clothes? Do you appeal to something different than other designers? Until recently we never stopped to consider such issues. But now we're developing a perfume together with L'Oréal we have to define that for ourselves as well. Why does someone buy a shirt by Helmut Lang and not by some other designer? Personally

de zijlijn becommentarieerd hadden. Het wordt tijd om onze ambivalente houding te laten varen, dachten we. We treden toe tot het systeem. Zonder voorbehoud, vol overgave en onschuld geven we onszelf over. Alsof we ter communie gaan. Toen we dat gestalte gaven, kwamen we als vanzelf bij het wit, de strikken en het communiemeisje. Het ironische is dat het geheel door 11 september (het werd in oktober 2001 gepresenteerd) in de media een hele andere lading en betekenis meekreeg.

Wat is de aantrekkingskracht van Viktor & Rolf. Waarom dragen vrouwen jullie kleren? Reiken jullie iets anders aan dan andere ontwerpers?
Met die vraag hielden we ons tot voor kort nooit bezig. Nu we met L'Oréal een parfum ontwikkelen moeten we dat voor onszelf ook definiëren. Waarom koopt iemand een shirt van Helmut Lang en niet van iemand anders? Hoe wordt een merk ervaren? Zelf zijn we nogal huiverig om daar een boude uitspraak over te doen, maar uit het onderzoek van L'Oréal komt naar voren dat wij een droombeeld creëren en vrouwen die fantasie aanstekelijk vinden.

Jullie eerste mannencollectie is nu gelanceerd. Benaderen jullie mannenmode anders dan vrouwenmode?
Voor mannen focussen we veel meer op het produkt en veel minder op een concept. We denken gewoon: wat willen we zelf aan? Een man is ook veel beperkter in zijn kledingkeuze, maar daar hebben we tot onze verbazing helemaal geen moeite mee. Het mannensilhouet is begrensd, maar

we're rather hesitant to speak out on the subject, but the research conducted by L'Oréal suggests that we create a dream image and that women find the fantasy irresistible.

You've since launched your first men's wear collection. Does your approach to male fashion differ from that of women's fashion?
When it comes to men, we focus far more on the product and far less on a concept. We simply think: what would we like to wear ourselves? A man is also far more limited in his choice of clothing, but much to our surprise we have no problems with that. The male silhouette is limited, but within those limitations an endless number of variations opens up.

What role do erogenous zones play in your designs?
Our work, I think, is characterized by an absence of sex, although the last summer collection brought about a small shift in that. The floral dresses are a touch more frivolous; made of fabrics that cling a little more closely to the body with here and there a split or a decolleté. But we avoid all the clichés about sexy as being tight and revealing. The epitome of sexy is surely what stays covered and the charisma of the woman. We do find the Viktor & Rolf tailoring very sexy. We try to make a woman look good by the way in which we cut a suit and determine the relative proportions. Ultimately it's up to each individual woman to determine what she wants to reveal. Mary J. Blige has a tuxedo by us that she wears with only a lacey bra underneath. We didn't conceive of it that way, but we think it's fine to see it worn in such a manner.

Have you never cherished a womanly ideal?
Right from the beginning, fashion, for us, was more about the system of the fashion industry and its glamour. It was a naive way of escaping from daily reality. Even

binnen die grenzen openen zich weer eindeloos veel variaties.

Welke rol spelen erogene zones in jullie ontwerpen?

Ons werk kenmerkt zich denk ik door de afwezigheid van sex. Met de laatste zomercollectie is daar wel een kleine kentering ingekomen. De bloemenjurken zijn wat frivoler; gemaakt van stoffen die strakker op de huid zitten en hier en daar een split en decolleté. Maar alle cliché's dat sex over bloot en strak gaat die vermijden we. Het meest sexy is toch dat wat je bedekt en de uitstraling van de vrouw. De Viktor & Rolf tailoring vinden we wel heel sexy. In de manier waarop we een pak snijden en de verhoudingen bepalen proberen we een vrouw er heel goed uit te laten zien. Uiteindelijk is het dan aan elke concrete vrouw zelf om te bepalen wat ze wil laten zien. Mary J. Blige heeft een smokingpak van ons dat ze draagt met alleen een kanten beha eronder. Zo hebben we dat vooraf niet bedacht, maar we vinden het prima om het op deze manier terug te zien.

Hebben jullie nooit een ideale vrouw gekoesterd?

Mode ging bij ons al van jongsaf aan meer over het systeem van de modewereld en de glamour ervan. Het was een naïeve manier om te ontsnappen aan de dagelijkse realiteit. Wat ons aansprak in de mode waren toen al de ontwerpers zelf of de energie die uit een modeshow sprak. De vrouwen van Claude Montana en Thierry Mugler, dat waren toch ijskoninginnen. In de mode zijn vrouwen vaak onbereikbare plaatjes,

then what appealed to us about fashion were the designers themselves or the energy expressed in a fashion show. The women showcased by Claude Montana and Thierry Mugler, those were simply ice queens. In the world of fashion women are often inaccessible images, style icons. They do nothing for us. To adore a woman you have to get to know her and become fascinated by her character, for example. Our regular fitting model Nathalie, for example, is extremely beautiful, she has a wonderful body but at the same time she's a really nice and lovely person. That's when it's really special.

No muse then?

No, we never really had one, until the English actress Tilda Swinton stepped into our studio. Something happened when she put on our clothes. Swinton can look very ordinary, but she has an unusual talent of being able to transform herself into a completely different personality from one moment to the next. That fragile and androgynous quality she has... it had a magical effect. In addition she's a very interesting person who has become very involved with what we do. Now and again we do use her as a muse. Last October she presented us with a fashion award in New York.

And models?

For us, a good model is no more than a piece of clay. A top model is so good because you can knead and colour her in exactly the way you want.

How do you see woman in 2013?

In Viktor & Rolf.

JOSÉ TEUNISSEN

134 stijliconen. Daar hebben wij niets mee.
Om een vrouw te bewonderen moet je haar
leren kennen en bijvoorbeeld gefascineerd
raken door haar karakter. Ons vaste pasmodel Nathalie bijvoorbeeld is heel mooi,
ze heeft prachtig lijf, maar ze is ook
nog eens een heel leuk en lief mens. Dan
wordt het pas bijzonder.

Geen muze dus?
Nee, die hebben we eigenlijk nooit gehad,
totdat de Engelse actrice Tilda Swinton
ons atelier binnenstapte. Toen zij onze
kleren aantrok gebeurde er iets. Swinton
kan er zeer onopvallend uitzien, maar ze
heeft het wonderlijke talent om van het
ene op het ander moment in een complete,
andere persoonlijkheid te veranderen. Dat
frêle en androgyne van haar… het had een
betoverende uitwerking. Daarbij is ze ook
nog een heel interessante persoonlijkheid
die heel betrokken is geraakt bij wat we
doen. We zetten haar nu ook af en toe in
als muze. Afgelopen oktober heeft ze ons
in New York een modeprijs uitgereikt.

En modellen?
Een goed model is voor ons niet meer dan
een brok klei. Een topmodel is zo goed
omdat je haar helemaal kunt kneden en
inkleuren zoals je wilt.

Hoe zien jullie de vrouw in 2013?
In Viktor & Rolf.

JOSÉ TEUNISSEN

Fashionable WithTaste NotOverTheTop sexy

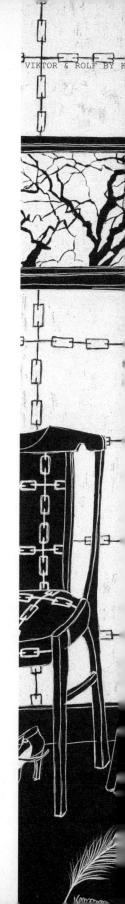

138

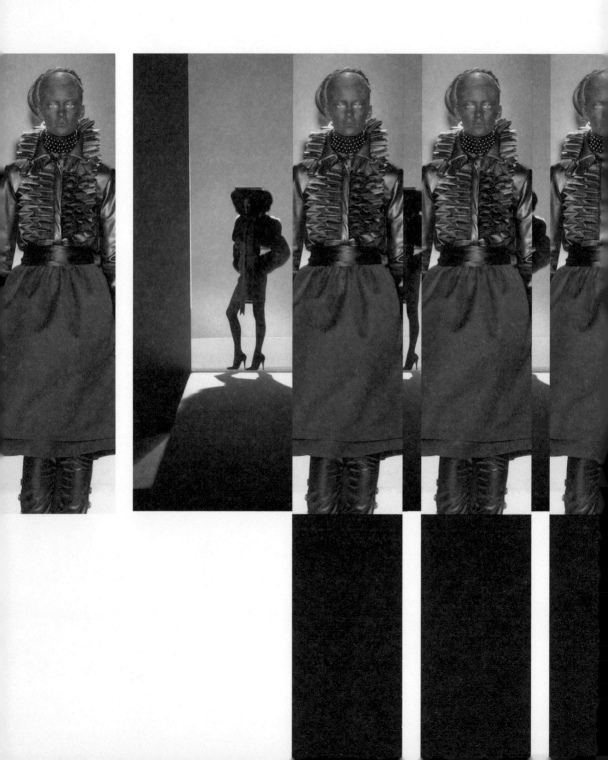

VIKTOR & ROLF Spring/Summer 2003

144

'Tijdens het ontwerpen van een collectie, onderzoek ik nieuwe vormen van expressie. Ik hou geen rekening met het type vrouw dat de kleren zal dragen, of in welke situatie.'

Het is alles wat Junya Watanabe in dit verband wil zeggen. Onderwerpen als vrouwelijkheid, de ideale vrouw en een vrouwenlichaam behoren niet tot het idioom van Junya Watanabe (1961). Daarbij is Watanabe ook nog eens een man van weinig woorden. Alles wat hij zegt wordt zorgvuldig gewogen en op vragen waarover hij tijdens het ontwerpen niet nadenkt heeft hij simpelweg geen antwoord. Zijn fascinatie ligt bij het ontwikkelen van het kledingstuk zelf en geworstel met techniek om elk seizoen een nieuwe staaltje van vakmanschap te lanceren. Hij wil grenzen verkennen en legt zichzelf daarbij steeds nieuwe uitdagingen op die zo ver gaan dat er maar met moeite een duidelijke stijl in zijn ontwerpen terug te vinden is. Voor n/w 1999/2000 ontwierp hij bijvoorbeeld een serie colbertjasjes van tassenstof die in elkaar gevouwen konden worden tot een handtas. Een technisch hoogstandje dat tegelijk een praktisch probleem oplost; want waar moet je een jasje laten als het te warm wordt? Bekend werd Watanabe in 1996 toen hij zijn technocouture collectie lanceerde; hele strakke kleurrijke pakjes van cellofaanplastic van een robotachtige snit. Door precies op de plekken waar het lichaam spant - de schouder, de elleboog, het schouderblad en de knie - inkepingen te maken was het tegelijk strak en comfortabel. Junya

'I explore new ways of expression when designing a collection. I do not consider what type of woman will wear the clothes or in what situation.'

That's all Junya Watanabe is prepared to say on the subject. Topics such as femininity, the ideal woman and the female body are alien to the idiom of Junya Watanabe (1961). Moreover, Watanabe is also a man of few words. Everything he says is carefully weighed and to questions about issues he does not consider in the design process he simply has no answer. He is fascinated with the development of the individual garment and with the technical struggle involved in presenting a new example of design mastery each season. He seeks to explore the boundaries of the possible and so continually sets himself fresh challenges so extreme that it is difficult to discern an obvious style in his designs. For a/w 1999/2000, for example, he designed a series of jackets from handbag fabric that could be folded up to form a bag. A feat of technical brilliance, it also solved a practical problem, that of what to do with your coat when it gets too warm. Watanabe rose to fame in 1996 with the launch of his technocouture collection: extremely tight-fitting suits of brightly coloured cellophane plastic cut in a robotic style. By scoring the fabric at precisely those points that the body flexes - shoulder blade, elbow and knee - the suits were simultaneously tight and comfortable. Having started out as an assistant to Rei Kawakubo (Comme des Garçons), Junya Watanabe gained permission from his mentor in 1992 to start his own label within her fashion house. He now has a successful men's wear collection alongside his women's collection.

JOSÉ TEUNISSEN

146   Watanabe begon als assistent van Rei
Kawakubo (Comme des Garçons) maar mocht
in 1992 van zijn leermeesteres een eigen
label beginnen binnen haar modehuis.
Inmiddels heeft hij naast zijn vrouwenlijn ook een goed lopende mannenlijn.

JOSÉ TEUNISSEN

148

The Crewel Needlepoint World

ANTISTROT are a group of illustrators, who started to work together on drawings at the same time. The core of antistrot comprises David Elshout (De Moer, 1977) an artist who likes to use other people's services; Bruno Ferro Jaime Xavier da Silva (Rotterdam, 1977), the group's spiritual leader, Guru and also musician, Johan Kleinjan (Zuid Beijerland, 1974) also known as the best illustrator in modern times and Paul Borchers (the Hague, 1976).

ANN DEMEULEMEESTER (Kortrijk 1959) studied Fashion at the *Royal Academy of Art* in Antwerp. She founded her company in partnership with her husband, Patrick Robijn, in 1985. Demeulemeester launched her first men's wear collection for summer 1996. In that year she produced her first table, 'table blanche'.

HUSSEIN CHALAYAN (Nicosia, 1970) graduated from *St Martin's College* in London in 1993 with his now famous 'buried garments'. He has since developed a successful and wearable men and women's line presented twice yearly in Paris. His fame derives mainly from intriguing installations and museum events.

CARMEN FREUDENTHAL (1965) and ELLE VERHAGEN (1962) both graduated form Amsterdam's *Gerrit Rietveld Academy* in 1988, and started working together one year later. They have subsequently published in a variety of magazines - from *Visionaire, Self Service, Dazed and Confused* to the Bernhard Wilhelm curated magazine, *NoB*. They were selected for the *Hyères*

International Fashion Festival and are winners of the PANL (Photographers Annual Netherlands) prize as well as the Silver and Bronze award ('lamp') of the Art Directors' Club Netherlands. Freudenthal en Verhagen are interested in images which reflect daily life, the way people communicate who they are by what they wear, the car they drive and the house they live in. They clearly belong to an era which has jettisoned the distinction between commerce and creativity. Also see www.carmenf.com

HELEN FRIK (Worcester UK, 1960) came to Holland after obtaining a degree in Fine Art at B*righton School of Art* in 1981 to attend the *Ateliers '63* in Haarlem. She has lived and worked in Amsterdam since 1984. She has completed a number of monumental commissions in public spaces in Holland, and regularly exhibits her sculptures, drawings and installations. She has taught sculpture since 1984 at the *Aki*, Enschede. Exhibitions include a solo presentation in the *Stedelijk Museum* in Amsterdam, *De Paviljoens* in Almere, and the *Gemeentemuseum* in the Hague, for which presentation she won the *Sandberg Prize* from the city of Amster-dam in 2001. Her work is collected by major museums and corporate collections throughout Holland. www.helenfrik.nl

JOHN GALLIANO (Gibraltar 1960) graduated from London's *St Martins College* with a first-class degree in 1983. His graduation collection, called *Les Incroyables* met with immediate acclaim. He officially launched his own

label in 1984, producing historically influenced design. In 1990 he turned his back on London and joined the ranks of international designers seeking their fortunes in the ready-to-wear collections in Paris. Happily in 1995, Galliano was appointed chief designer at Givenchy. In 1996 he became chief designer at Christian Dior where he is responsible for producing six couture and ready-to-wear collections a year.

KALEB DE GROOT (Haarlem, 1974) is an artist living and working in *Gesammtkunstwerk* 'Motel Nooitgedacht', situated next to the lighthouse in IJmuiden, Holland. He graduated from the *Gerrit Rietveld Academy* in 1997, in the audio visual department, and received his Masters' Degree from the *Lund Uiversity* in Malmö, Sweden. At *Locus Focus Sonsbeek 9*, he and Adam Marshall cooperated with Austrian-based art collective 'Gelatin'. He is currently working on short films along with several projects in Holland, Germany and Japan.

KATE VAN HARREVELD was born in Haarlem in 1971 and graduated from the *Arnhem Academy of the Arts* fashion design department in 1996. Apart from her work as an illustrator and artist she teaches drawing and painting at the *Vogue Academy*. She is represented by *POE agency* in Amsterdam.

YOLANDA HUNTELAAR (Utrecht, 1974) is a graphic designer. She graduated 1996 from the design department of the *Gerrit Rietveld Academy* in Amsterdam and works on both assignments as well as autonome projects. Her work vary from typographic matters,

projects for art in public space and buildings, printings on her letterpress.

JETTY FERWERDA was born in 1965 in Sliedrecht, the Netherlands. She attended the *Academy for Journalism* in Tilburg and had already secured regular work with the local newspaper during her study. She worked for five years at the news desk where she also covered fashion. In 1989 she started to work for the Lifestyle-section as a fashion journalist. Her first show, a couture show by Christian Lacroix, impressed her deeply and since when she has lost her heart to fashion. Jetty's primary interest is in the fashion mechanism and the connection between fashion, society and people.

PETER JEROENSE (Rotterdam, 1966) has worked as a fashion illustrator since 1999. He uses a cut & paste technique for blending drawings in pen and ink with parts of photocopied pictures. His, typically, black and white illustrations have been published in several magazines throughout the world. Among his clients are *ELLE*, *Marie Claire*, *Blvd*, *Flaunt*, *Nylon* and *Jalouse*. Peter Jeroense was fashion editor for Blvd magazine, a print designer for *SO by Alexander van Slobbe*, guest curator at the *Rotterdam Historical Museum* and founder and designer of the fashion label *ell=bell*.

GERT JONKERS (Ede, 1966) was a pop-musician, photographer and editor in chief of the magazine *Blvd*. He writes as a fashion journalist for the national daily *de Volkskrant* and is one of the initiators of the famous international homo-magazine, *Butt*.

ROOSJE KLAP (Amsterdam, 1973) is the graphic designer as well as image editor of this book, the latter together with Maarten Spruyt. She graduated in 1996 from the design department of the *Gerrit Rietveld Academy* and works on assignments as well as autonomous collaborational projects from her Amsterdam based studio. Besides working as a graphic designer she makes art films and is working on several projects for art in public space and buildings. She has conducted workshops in art academies throughout Holland, Switzerland and Germany. Check out her website at http://hello.to/klebeklub

VERONIQUE LEROY (Luik, 1965) studied fashion at Berçot, a small private school in Paris. She worked for Azzedine Alaïa and Martine Sitbon before starting her own label in 1991 which established her dominance of the Parisian sexy-tacky scene. She has worked closely with the Dutch photographer Inez van Lamsweerde.

MARTIN MARGIELA (1959) studied fashion at the *Royal Academy of Fine Art* in Antwerp. He worked as an assistant to Jean Paul Gaultier before starting Maison Martin Margiela with Jenny Meirens in 1988. Had his first solo-exhibition in 1997 at *Museum Boijmans van Beuningen*. In 1997 he started as designer of the house of *Hermès*.

PIERRE-LOUIS MASCIA (1968), is a multi-talented artist who lives and works in Toulouse. After achieving a Masters' degree on brand identity design in fashion,

he studied the manufacturing of traditional paper in Japan. The study resulted in an accessory collection that was exhibited in both France and Japan in 1994/1995. It was then that Pierre-Louis discovered the great interest shown in his illustration work, that has since been published in magazines including *ELLE UK*, *Hanatsubaki* (Japan), *Frau* (Japan), *Marie Claire AU*, *Surface*,*Vogue Gioiello* and *Vogue USA*. Besides working as an illustrator, Pierre-Louis, has also carried out interior designs for several fairs.

ADAM MARSHALL (Montréal, 1971) is a British Canadian American artist living and working in *Gesammtkunstwerk* 'Motel Nooitgedacht', situated next to the lighthouse in IJmuiden, Holland. He also graduated in 1997 from the *Audiovisual Department* at the *Gerrit Rietveld Academy* in Amsterdam. At *Locus Focus Sonsbeek 9*, he and Kaleb de Groot cooperated with Austrian-based art collective 'Gelatin'. He is currently working on short films and architectural projects with Paolo Dala Tor and he recently built a cinema called the *Gieloscoop* where he organises film evenings together with Kees Brienen.

Greek-born and Amsterdam-based EVANGELOS PAPAZOGLOU (Thessaloniki, 1970) studied Marketing in St. Louis USA, graduated form the graphic design department in 1998 at the *Ravensbourne College* in London, and finally completed a post-graduate design program at the *Jan van Eyck Academy* in Maastricht, the Netherlands. Since then he's

158

been working in Amsterdam mostly freelancing and doing his own projects. See his personal portfolio on www.paravion.nl. For this book and the exposition he drew quotes of the designers.

DIEUWKE SPAANS (Rheden, 1973) is an artist who both lives and works in Amsterdam. In 2002 she finished her working period at the *Rijksakademie voor Beeldende Kunsten* in Amsterdam. Her work weaves daily experience, pictures, fragments, texts and drawing with her own history. Usually she works on a very large scale and uses the technique of collage in her drawings and as 'hersenspinsels'. Exhibitions include solo-exhibitions in and around the Netherlands, as well as presentations in China and Italy. In 1997 and 1998, she won the Koninklijke Subsidie voor Vrije Schilder-kunst. www.depraktijk.nl

MAARTEN SPRUYT (Boxmeer, 1966) studied at the Fashion academy *Vogue*. Worked for seventeen years as a stylist for both commercials and editorials. Became more of an image maker. He is still enjoying his freelance practice for its variety which includes helping Bernhard Willhelm styling his shows or making stills of the rococo-collection of the Rijksmuseum. He is the designer of the exhibition *Woman* and image-editor of the exhibition catalogue together with designer Roosje Klap.

JOSÉ TEUNISSEN (Venhorst, 1959) studied *Dutch Language* and *Film Science*. For several years she worked at the University of Amsterdam and at the Tilburg art school. She has written on fashion

for serveral magazines and the national daily, *Trouw*. In 1998 she started to work as curator of fashion and costumes at the *Centraal Museum* in Utrecht. In 2002 she became associate professor at ArtEZ. She is the initiator of the Woman exhibition.

VIKTOR Horsting (1969) and ROLF Snoeren (1969) studied fashion at the *Hogeschool voor de Kunsten* in Arnhem. They started working together as Viktor & Rolf in 1993. In the same year they won a fashion prize in *Hyères* that brought them international acclaim. Initially they presented their work within the art-scene but in 1998 they started at the haute couture week in Paris. In 2000 they launched their ready-to-wear collection. Their first men's wear collection followed in January 2003. Together with L'Oréal they are preparing a perfume for 2004.

JUNYA WATANABE (1961) graduated from the famous *Bunka Fashion Institute* in Tokyo in 1984, and immediately joined Comme des Garcons where, in 1987, he became the designer of the tricol line. In 1992 Rei Kawakubo (Comme des Garcons) introduced her protégé and his 'won' collection in Tokyo and Japan which soon achieved cult status. In 2001 Watanabe launched his men's wear collection.

VIVIENNE WESTWOOD (1941) opened a shop with Malcolm Maclaren in King's Road in the late 1960s. During the 1970s both McLaren's pop group, *the Sex Pistols*, and Westwood's shop attracted a great deal of attention. In the early 1980s she launched

her 'Pirate' and 'New Romantism'-look, which brought her to the attention of the fashion world. In the 1990s she reintroduced fashion history with mini-crini's, bustles and corsets in order to reshape femininity. She has also launched the popular perfumes *Boudoir* and *Libertine*.

BERNHARD WILLHELM (Ulm, 1972) graduated from the *Antwerp Royal Academy of Fine Arts* with his collection *Le Petit Chapeau Rouge* in 1988. A fairy tale that was to be continued in 1999 when he launched his first women's collection in Paris.

deze publicatie is verschenen ter gelegenheid van de tentoonstelling / this book is published with the exhibition

WOMAN by Vivienne Westwood, Christian Dior Couture, Maison Martin Margiela, Junya Watanabe Ann Demeulemeester, Veronique Leroy, Bernhard Willhelm, Viktor&Rolf, Hussein Chalayan

van 1 februari t/m 18 mei 2003 in het Centraal Museum, Utrecht / from February 1 to May 18 in the Centraal Museum, Utrecht NL

SAMENSTELLING / COMPILATION Maarten Spruyt, José Teunissen

REDACTIE / EDITORS José Teunissen

BEELDREDACTIE / IMAGE EDITORS Roosje Klap en Maarten Spruyt

EINDREDACTIE / FINAL EDITING Meta Knol

ONTWERP / DESIGN Roosje Klap

AUTEURS / AUTHORS Jetty Ferwerda, Gert Jonkers, José Teunissen

BEELDMAKERS / CONTRIBUTORS Antistrot, Helen Frik, Carmen Freudenthal/Elle Verhagen, Kate van Harreveld, Yolanda Huntelaar, Roosje Klap, Peter Jeroense, Kaleb de Groot, Adam Marshall, Pierre Louis Mascia, Evangelos Papalogozou, Dieuwke Spaans

FOTOGRAFIE / PHOTOGRAPY Peter Stigter / Jose van Riele / Ronald Stoops / e.a.

VERTALING / TRANSLATION Gosse van der Ley (Eng/NL), Niall Martin (NL/Eng)

DRUK / PRINTING Grafisch bedrijf Tuijtel, Hardinxveld-Giessendam

UITGEVER / DISTRIBUTOR Ranti Tjan

UITGAVE/PUBLISHED BY
Centraal Museum Utrecht
Agnietenstraat 3, Postbus 2106
3500 GC Utrecht, The Netherlands
tel: + 31-(0)30-2362362
info@centraalmuseum.nl
www.centraalmuseum.nl

GEDRUKT OP / PRINTED ON Munkenprint Extra 150g/m2 opd 1.8 van Grafisch Papier BV, Andelst

TOT STAND GEKOMEN MET STEUN VAN / REALISED UNDER PATRONAGE OF Ministerie van Buitenlandse Zaken en het Ministerie van Onderwijs, Cultuur & Welzijn in het kader van de HGIS Cultuurmiddelen; Bijzondere bijdragen Gemeente Utrecht; Mondriaan Stichting, Amsterdam

EN MET BIJDRAGEN VAN / AND THANKS TO GIFTS OF Rootstein display mannequins, Rotterdam; Schiesser, Utrecht; Grafisch Papier, Andelst; Prins Bernhard Cultuur Fonds; K.F. Heinfonds; Elise Mathildefonds en SNS Reaal Fonds

ISBN 90 73285 98 4

centraal
museum

Ministerie van
Buitenlandse Zaken

OCenW
Ministerie van Onderwijs
Cultuur en Wetenschappen

Gemeente Utrecht

Mondriaan Stichting
(Mondriaan Foundation)

Woman by Viktor & Rolf Woman by Dior Couture John Galliano Woman by Vivienne Westwood Women by Veronique Leroy Woman by Ann Demeulemeester Woman by Bernhard Willhelm Woman by Martin Margiela Woman by Junya Watanabe Woman by Hussein Chalayan Woman by Viktor & Rolf Woman by Dior Couture John Galliano Woman by Vivienne Westwood Women by Veronique Leroy Woman by Ann Demeulemeester Woman by Bernhard Willhelm Woman by Martin Margiela Woman by Junya Watanabe Woman by Hussein Chalayan Woman by Viktor & Rolf Woman by Dior Couture Vivienne Westwood Woman by Ann Demeulemeester Willhelm Woman Junya Watanabe Woman by Viktor John Galliano Women by Veronique Demeulemeester Woman by Martin Watanabe Woman Viktor & Rolf Galliano Woman Veronique Leroy Woman by Bernhard Margiela Woman Hussein Chalayan by Dior Couture Vivienne Westwood Woman by Ann Willhelm Woman Junya Watanabe Woman by Vik John Galliano Women by Veronique Demeulemeester Woman by Martin Watanabe Woman Viktor & Rolf Galliano Woman Veronique Leroy Woman by Bernhard Margiela Woman Hussein Chalayan by Dior Couture Vivienne Westwood Woman by Ann Willhelm Woman Junya Watanabe Woman by Vik John Galliano Women by Veronique Demeulemeester Woman by Martin Watanabe Woman Viktor & Rolf Galliano Woman by Vivienne Westwood Women by Veronique Leroy Woman by Ann Demeulemeester Woman by Bernhard Willhelm Woman by Martin Margiela Woman by Junya Watanabe Woman by Hussein Chalayan Woman by Viktor & Rolf Woman by Dior Couture John Galliano Woman by Vivienne Westwood Women by Veronique Leroy Woman by Ann Demeulemeester Woman by Bernhard Willhelm Woman by Martin Margiela Woman by Junya Watanabe Woman by Hussein Chalayan Woman by Viktor & Rolf Woman by Dior Couture John

c c c
c
c c

centraal
museum